White Eagle: Lichtwege

INHALT

VORWORT

Dieses Buch besteht aus einer Sammlung von White Eagles Lehren, die über viele Jahre hinweg gegeben wurden – zum Thema »Lichtwege«, dem Weg der Bruderschaft. Die ersten fünf Kapitel sind einer Reihe »innerer Lehren« entnommen, die bei aufeinanderfolgenden Treffen gelehrt wurden, und obwohl wir gelegentlich die Reihenfolge abgeändert haben, behielten wir White Eagles eigenen Titel bei und nannten die Unterweisungen »Lichtwege I«, »II« und so weiter. Sie bilden den ersten Teil des Buches. Die anderen Lehren behandeln das gleiche Thema, und wir haben zum Schluß eine Sammlung kürzerer Abschnitte der Ermutigung und Weisheit für die Brüder und Schwestern auf dem Pfad angefügt.

Zu Beginn der ersten Unterweisung wird ein kurzer Einblick in die Treffen gegeben, bei denen solche Botschaften vermittelt wurden. Nach einem Musikstück – in diesem Falle eine Aufnahme der Karfreitagsmusik aus Wagners »Parzival« – pflegte White Eagle mit einem Gebet zu beginnen, welches half, das Bewußtsein seiner Zuhörer aus dem Tumult der äußeren Welt zu lösen. Daraufhin begrüßte er die Gruppe und lenkte die Aufmerksamkeit auf die vielen geistigen Freunde und Engelwesen, die anwesend waren. Über diese Treffen und die Orte, an denen sie stattfanden, haben wir im Vorwort des dritten Bandes dieser Reihe gesprochen.

Wir wünschen allen, die diese Lehren lesen, lange währendes Lebensglück.

I.

LICHTWEGE I

»Unser Vater-Mutter-Gott, mögen wir Deinen wundervollen Segen in unserem Herzen und unserem Leben verspüren, und mögen wir in Deiner Kraft und in Deiner Gnade die Stärke und die Weisheit finden, um das Licht und die Wahrheit des Geistes auszustrahlen. Möge die Enthüllung Deiner heiligen Mysterien unser Bewußtsein mehr und mehr durchdringen, und mögen wir geduldig auf dem Pfad geistiger Entfaltung vorausschreiten, um im Laufe der Zeit den tieferen Sinn Deines Planes zu erkennen. In Deinem Namen rufen wir die Engel der Weisheit und Liebe an, um dieses Treffen zu segnen.«

Amen

Es ist gut, wieder mit euch zusammenzusein. Noch zögern wir, die Schönheit der Schwingungen durch die menschliche Stimme zu unterbrechen. Wir wissen nicht, ob ihr ebenso wie wir empfindet, durch die Musik in eine Ekstase erhoben seid. Manchmal würden wir lieber singen, anstatt zu sprechen. In den alten Zeiten wurde unsere Arbeit zum großen Teil auf solche Weise vollbracht, doch über diese Dinge wollen wir heute abend nicht reden. Wollt ihr uns eure Aufmerksamkeit und Liebe schenken? Denn wir möchten von den mystischen Erfahrungen berichten, die auf jede Seele in großer Fülle zukommen. Wir als Individuen durchlaufen alle diese Seelenerfahrungen, und obwohl wir sie nicht immer wiederzugeben oder zu beschreiben vermögen, erheischen wir gelegentlich einen Blick auf das ewige Licht himmlischer Herrlichkeit und erleben die Glückseligkeit dieses paradiesischen Ortes, der unsere wahre Heimat darstellt. Es ist von geringem Nutzen, einen bestimmten Plan für die Entwicklung geistiger Kräfte aufzustellen, denn die Erfahrungen sind für jede Seele einzigartig. Deshalb empfinden wir es mitunter als Fehler, wenn einige unserer geliebten Geschwister sich bemühen, alle ihre Bekannten und Freunde auf einen bestimmten Pfad zu führen.

Wir werden diese Vortragsreihe »Lichtwege« nennen und den Weg menschlicher Erfahrungen, der sich über die Zeitalter hinweg erstreckt, von der Geburt der Seele an durcharbeiten. Zur rechten Zeit werden wir dann auf die Bedeutung der Einweihung zu sprechen kommen, denn wir sehen, daß sich viele von euch über die Einweihung noch ebenso im Unklaren befinden, wie über den gesamten Prozeß geistigen Wachstums und geistiger Entfaltung.

Niemand kann sagen, daß irgendein Pfad der richtige sei. Es hängt vollständig von der individuellen Seele, von ihren in vergangenen Inkarnationen gesammelten Erfahrungen und dem erworbenen Karma ab, welchen Weg sie beschreitet. Denn dieses Karma muß auf einem bestimmten Weg ausgearbeitet werden, und jeder muß seinem individuellen Pfad des Lernens folgen. Das Licht strahlt durch viele unterschiedlich geformte und gefärbte Fenster, doch letztendlich gehen alle Farben in den einen Strahl über, in das große weiße Licht.

Laßt uns dies ganz deutlich hervorheben: Wir müssen unseren eigenen Weg standfest und unermüdlich verfolgen, doch unsere Arbeit entspricht nicht notwendigerweise der unserer Nachbarn, noch entspricht seine Arbeit der unsrigen. Es ist sehr wichtig, sich diese offene Sichtweise anzueignen, diese Erkenntnis, daß jeder Pfad gut ist, der Bewußtseinsebene und dem Karma desjenigen angemessen, der ihn beschreitet und darüberhinaus der Notwendigkeit des Gesamtplans für die geistige Entwicklung der Menschheit entsprechend.

Wir möchten den Aspekt betonen, daß geistige Übung mehr als nur den Verstand erfaßt und außerdem zur Lebenspraxis werden muß, um von dauerhaftem Wert zu sein; sie muß Bestandteil des Lebens eines Anfängers werden. Ein Mann oder eine Frau mag über bemerkenswerte intellektuelle Kenntnisse der Musik verfügen, doch befähigt intellektuelles Wissen noch nicht unbedingt zum Musiker. Gleichermaßen ist die Entwicklung des intellektuellen Aspekts des menschlichen Seins zwar hilfreich, weil es dem Menschen ermöglicht, innerhalb kurzer Zeit die Herrlichkeit des göttlichen Universums zu erkennen, doch okkultes Wissen allein befähigt noch nicht zum Meister. Es ist vielmehr auffallend, daß die Geschichten über das Leben der Meister und Heiligen nahezu alle berichten, jene Erleuchteten seien vormals einfache Männer und Frauen gewesen, ohne Anspruch auf großes weltliches Wissen. Das Leben von Jesus von Nazareth hebt dies hervor, obwohl verborgene Überlieferungen enthüllen, daß er ein tiefes Wissen von weisen Männern empfing und seine Reinheit und Sanftheit, seine Kraft in die östlichen Zentren der Weisheit trug, die zu jener Zeit so dringend der Reinigung durch den Christus-Geist bedurften.

Gegenwärtig streben viele Suchende eifrig nach Wissen, sie entwickeln den Mentalkörper. Alles dies gehört zum Evolutionsprozeß als eine Stufe des Weges. Doch es genügt nicht, Dinge mit dem Verstand zu erfassen, denn solche Kenntnisse können sehr begrenzend sein. Geistiges Wachstum resultiert aus der seelischen Aufnahme und Verarbeitung geistiger Wahrheit und der praktischen Umsetzung einfacher geistiger Gesetze im täglichen Leben. Alles hängt von der Aufrichtigkeit und Reinheit des inneren Lebens ab und von der seelischen Resonanz auf die feineren Schwingungen aus den himmlischen Welten. Es ist zweifelsohne unterhaltsam und anregend, die Ansichten anderer zu lesen, doch eure Erfahrung ist für euch selbst einzigartig. Haltet euch dies immer vor Augen.

Wer sich von der White Eagle-Loge angezogen fühlt, sehnt sich nach Einfachheit. Manche mögen den Eindruck gewinnen, die hier vermittelte Lehre sei nicht genügend fortgeschritten, doch dieser Gedanke wird von einem Verlangen nach unverdaulicher Nahrung hervorgerufen. Das ist ein natürlicher körperlicher Instinkt, denn das Gehirn gehört zum Körper. Dem wollen wir nicht entgegentreten, aber wir möchten, daß ihr zu sehen versucht, wohin dieser Wunsch nach immer mehr intellektueller und unverdaulicher Nahrung führt. Es ist nicht gut, vorwärtszustürmen, um innere Geheimnisse zu erschließen, bevor die einfachen Wahrheiten verinnerlicht und *gelebt* worden sind. Falls wir das versuchen, stoßen wir gegen einen scharfkantigen Gegenstand, der uns verletzen wird. Erleuchtung und nachfolgende Einweihung entstehen nicht durch irdisches Wissen, sondern aus geistiger Erfahrung heraus. Die tägliche Einstimmung auf Gott, auf das Gute, die Übung, sich für den himmlischen Zustand empfänglich zu machen, bietet die einzige Möglichkeit geistigen Wachstums.

Wir haben viele gesehen, die bittere menschliche Erfahrungen sammeln mußten, und bisweilen taucht die Frage auf: »Warum greift unser Lehrer nicht ein? Weshalb bewahrt er uns nicht davor, Fehler zu begehen? Wieso erlaubt man uns, törichte Dinge zu tun und zu leiden, wenn unser geistiger Lehrer uns doch davor hätte bewahren können? Hätten wir das gewußt, dann hätten wir dieses und jenes nicht gemacht.« Es ist nur natürlich, wissen zu wollen, was auf einen zukommt, besonders vor dem Hintergrund, daß wir mit dem entsprechenden Wissen bestimmte Irrtümer hätten vermeiden können – denn es ist angenehmer, einen Bogen um einen Teich zu machen, als hineinzufallen. Doch wenn der Sturz in den Teich euch das Schwimmen lehrt, wenn euch der Sturz in einen geistigen Teich Erleuchtung bringt oder etwas Wunderschönes schenkt – gut! So wählt nicht den bequemen Pfad um den Teich herum!

Unserer Meinung nach müßt ihr, um den Pfad vertrauensvoll beschreiten zu können, darauf vorbereitet sein, die dunklen Stellen ebenso wie die sonnendurchstrahlten zu durchwandern. Ihr solltet Verpflichtungen nicht ausweichen wollen oder schwierige Situationen meiden, sondern lieber sagen: »Wenn ich dies tun muß, gut, so will ich es anpacken!« Seid ruhig und mutig! Selbst wenn es etwas unangenehm sein sollte – versucht weder euren Pflichten zu entkommen, noch die Sorgen und Enttäuschungen des menschlichen Lebens zu meiden. Sie werden euch als Gelegenheit geboten.

Sprechen wir über Gut und Böse. Worin liegt der Unterschied? Beide sind gleichermaßen Lehrer.

Die Seele begibt sich auf ihren viele Zeitalter dauernden Entwicklungsweg, wenn sie ihr Leben in der physischen Materie beginnt. Die Seele wird geboren, wenn das geistige Leben zum ersten Mal eine physische Manifestation annimmt. Wir sprechen von der Seele, nicht vom göttlichen Funken, der lange vor der Geburt der Seele existiert. Zunächst ist die Seele wie ein kleiner Säugling und bleibt viele Leben lang ein Kind, das auf dem Pfad unter der Führung und Hilfe jener wandelt, welche die Obhut übernehmen. Dann kommt die Zeit, da sie von der Kindheit ins Erwachsenenstadium eines Mannes oder einer Frau übergeht und erstmalig das Licht erblickt, welches sie fortan auf dem Pfad leiten wird. Die Wahrnehmung des Lichtes bringt eine große Verantwortung mit sich. Während die Seele zuvor in Unwissenheit und Dunkelheit wandelte, nimmt sie nun den vor ihr liegenden Weg wahr und wird sich ihres Weges bewußt. Sobald sie ihren Pfad bewußt erkennt, wird ihr Verantwortung auferlegt, und sie beginnt ernsthaft zu arbeiten. Derjenige, welcher seine Verantwortung zurückweist, der dem einmal geschauten Licht den Rücken zuwendet, erleidet Not, denn solches Verhalten verletzt ein göttliches Gesetz.

Wenn eine Seele nun erstmalig bewußt auf ihrem Pfad ausschreitet, tauchen Prüfungen und Proben auf – Sorgen, Probleme, Schwierigkeiten – und eine Zeitlang scheint überall Verwirrung zu herrschen. Obwohl sich der Mensch so sehr bemüht, es richtig zu machen, fühlt er sich wie im Nebel; er findet sich in Konfrontation mit Menschen und menschlichen Problemen, dann häufen sich geistige Schwierigkeiten, bis er nicht mehr weiß, wie er sich drehen und wenden soll, und was zu tun ist. Nun kommt die Versuchung, alles über den Haufen zu werfen. »Ich bin dieses Streben leid; es ging mir viel besser, als ich einfach in der äußeren Welt lebte.« Dies ist der Moment der Entscheidung, wenn ihr den Entschluß fassen müßt, »durchzuhalten und weiterzumachen«, ruhig und in vollständigem Vertrauen und Glauben an Gottes Liebe, denn, wie Jesus selbst sagte: *»Ihr kennt weder den Tag, noch die Stunde, da der Menschensohn kommt.«* Von einer Stunde auf die andere wißt ihr nicht, welches großartige Erwachen auf euch zukommt. Heute mögt ihr von Dunkelheit umgeben sein, doch morgen seid ihr vielleicht erleuchtet. Kommt ihr in der wahren Heimat des Geistes an, werden Frieden, Ruhe und Freude mit euch sein, und ihr werdet vertrauensvoll und ruhig auf dem Pfad wandeln, auf den ihr euren Fuß gesetzt habt.

Diese von uns beschriebene Versuchung trifft alle, obwohl jede individuelle Erfahrung einzigartig ist. Jede Seele hat die gleiche Lektion zu lernen wie die gesamte Menschheit, wenngleich diese Lektion in unterschiedlicher Form auf die einzelne Seele zukommen kann. Ihr könnt nicht aus der Erfahrung eurer Mitmenschen lernen, ebensowenig wie sie aus eurer Erfahrung zu lernen vermögen; und ihr könnt die Erfahrung eines anderen wiederum erst vollkommen verstehen, wenn ihr sie selbst erlebt habt. Jede Seele steht den gleichen Problemen gegenüber und muß die gleichen Lektionen lernen; eure Erfahrungen sind jedoch insofern einzigartig, als ihr ihnen in unterschiedlicher Umgebung und andersartigen Situationen begegnen mögt – darum sind es nie ganz genau die gleichen Prüfungen, wie die eurer Mitmenschen.

Ihr werdet ungeduldig und ruft aus: »Oh, ich kann nicht verstehen, weshalb Herr Soundso dies und jenes tut!« Doch versucht daran zu denken, daß alle in Gott sind, daß alle aus der gleichen Substanz bestehen und auf Schwierigkeiten, Prüfungen und Versuchungen treffen, genau wie ihr selbst. Sendet eure Liebe und eure guten Wünsche an alle. Ihr mögt denken: »Das klingt sehr kindisch, wir wollen das nicht wieder und wieder anhören!« Doch diese Dinge sind genau die Essenz der geistigen Entwicklung oder des mystischen Pfades, über den alle auf ihrem Weg zum Tempel des großen weißen Lichtes, zum Tempel des heiligen Grals, schreiten.

»Göttlicher Geist, wir danken Dir für all das, was schön, erbaulich und erfreulich in unserem Leben ist. Mögen wir niemals Deine Liebe vergessen, noch unseres Mitbruders Bedürfnis nach Liebe. Wir beten, würdigere Kanäle zu werden, durch die Dein Licht in die verdunkelten Orte des Lebens scheinen möge.«

Amen.

II.

LICHTWEGE II

»Lasset uns unsere Herzen der Liebe und der Weisheit des ewigen Geistes öffnen, aus dem wir kommen und in dem wir leben. Der Allwissende, Allmächtige, Allgegenwärtige…«

Amen.

Die Allgegenwart und Allwissenheit des ewigen Geistes ist eine tröstliche Erkenntnis. Die von Gott ausgeatmete Seele behält immer diese elterliche Verbindung, und wenn wir wieder in die volle Bewußtheit des alles erhaltenden Lebens zurückkehren, treten wir ein in den ewigen Frieden.

Im Prozeß des Seelenwachstums will sich die Seele befreien, sie sucht nach Freiheit. Laßt uns die kindliche Seele im Menschen mit dem physischen Leben eines Kindes vergleichen. Wir sehen im Kind das Begehren, sich selbst auszudrücken, den Eigenwillen durchzusetzen. Mitunter wird es schreien und weinen und sein Durchsetzungsvermögen einbringen, um seinen Willen zu bekommen; die vernünftigen Eltern werden dem Kind den Freiraum geben, aufzustampfen und nach Leibeskräften zu brüllen – doch nur bis zu einem bestimmten Punkt. Dann fühlt das Kind die Kraft und Wärme seiner Eltern, und wenn es auch noch kämpft und protestiert, so wird es doch nach einiger Zeit fügsam und kuschelt sich ans Herz von Vater oder Mutter. So wachsen sie zusammen, und das Kind nimmt Weisheit von seinen Eltern an. All das, was ganz zauberhaft in der elterlichen Pflanze enthalten ist, kann auf das Kind übertragen werden, und die Früchte der späteren Jahre werden noch süßer und reifer.

Genauso verhält es sich mit dem Kind Gottes. Es kommt die Zeit, da das Kind beginnt, die Liebe und Weisheit seines Vater-Mutter-Gottes zu erkennen und ihr zu vertrauen; dann rebelliert das Kind nicht länger, denn es weiß, daß Gott voller Weisheit ist und einen vollkommenen Plan entworfen hat.

Stellen wir uns das Kind auf dem Pfad geistiger Evolution vor, ausgesandt von Vater-Mutter-Gott, um in einer Gestalt die höheren Welten zu bewohnen, einer christus-ähnlichen Gestalt, wahrhaftig nach dem Bilde Gottes erschaffen. Dann sehen wir dieses Kind Gottes durch die höheren Lebenssphären hinabsteigen, hinunter in die dichteste Materie. Wenn das Kind erstmals seine Heimat verläßt, bleibt es noch eng verbunden mit der himmlischen Welt, doch beginnt es vom ersten Kontakt mit dem Leben der physischen Ebene an, sein Seelengewand zu weben. Anfangs war die junge Seele vielleicht noch offener, empfänglicher für die Einflüsse der Lehrer aus den höheren Welten. Doch während sie hinabstieg und sich immer vollständiger in dichte Gewänder hüllte, wurde der innere Geist eingeschlossen, die Sinne stumpften ab, und so wurde sie unfähig, die höheren Welten wahrzunehmen. In diesem Zustand finden wir den Menschen im Gefängnis, gefesselt und verblendet – ein Zustand, in dem er möglicherweise viele Inkarnationen lang bleibt.

Dies mag denjenigen furchtbar vorkommen, denen

das Verständnis fehlt, denn die Seele, an das Rad der Wiedergeburt gefesselt, scheint keine Freiheit, keine Möglichkeiten zu besitzen. Vielleicht schaut ihr um euch und seht tausende von Seelen dermaßen verblendet und an das Rad gekettet. Doch *wir* erblicken ein Licht – verhüllt und gedämpft, aber es ist Licht! – innerhalb dieser Form. Wir beobachten die Reise durch die Zeitalter und sehen die Seele schwierige irdische Erfahrungen durchlaufen; und wir sehen auch, daß in jedem Leben Licht aufgenommen wird. Durch menschliche Liebe, ganz gleich in welch grober Ausdrucksform, vermag Licht in die Seele einzudringen – möglicherweise durch Liebe zu Blumen, zu Tieren oder zu einem Menschen. *Liebe* verhilft dem inneren Licht zum Wachstum, und die richtige Seelenreaktion auf bittere Umstände läßt dieses Licht ebenfalls heller erstrahlen.

So reist die Seele des Menschen weiter, jedoch nicht auf einem gnaden-losen Weg. Die Seele mag von ihrer Erdenreise erschöpft sein, doch die göttliche Liebe blendet die Seele solcherart, daß sie weder Vergangenheit noch Zukunft erkennt, sondern nur in der Gegenwart lebt. Es existiert viel Schönes am Wegesrand, so daß Entschädigung und Befriedigung in zahllosen Formen auftauchen kann. Erschaut den Menschen, mit einem Stab in der Hand, unterwegs auf diesem staubigen, anstrengenden Weg. Gegen Abend (oder beim Tod seines physischen Körpers) ist er erschöpft und bettet sich zur Ruhe, und am nächsten Morgen erwacht er in dem Gefühl, ein neugeborener Mensch zu sein. Er *ist* wiedergeboren, erneuert und erfrischt in jenen höheren Welten, und so bricht er erneut auf zur nächsten Tagesreise. Am Wegesrand findet er Früchte, die seinen Hunger stillen, auch stößt er auf Ströme kristallenen Wassers, die den Durst seiner Seele löschen. Gott verfolgt sehr wachsam und aufmerksam die Bedürfnisse seiner Kinder.

Auf seiner Reise erheischt der Mensch – zur angemessenen Zeit und in der rechten Form – einen Blick auf ein fernes Kreuz, hoch am Himmel. Die Menschheit, der irdische Verstand, hat dieses Zeichen erhalten als Symbol des Opfers Jesu, und es umfaßt noch mehr. Das Kreuz ist ein uraltes Symbol, das alle auf einer bestimmten geistigen Entwicklungsstufe schauen, es ist ein Symbol, welches sich in allen Rassen, allen Zivilisationen findet, ein äußeres Symbol einer inneren Erfahrung, der Erfahrung der Hingabe, der vollständigen Selbst-Auslieferung. Unmittelbar nachdem ihm die Binde von den Augen genommen wird, erblickt der Neuling das Licht, und im Licht – hinter dem Licht – das Kreuz der Selbstaufgabe. Dies ist die erste größere Einweihung.

Das Kreuz ist ein Symbol des Lebens, doch jenes Lebens, das durch den Tod erlangt wurde – nicht durch den Tod des physischen Körpers, sondern den des dichten niederen Selbst. Das Kreuz symbolisiert die Aufgabe der niederen Natur, den Verzicht auf persönliche Wünsche, die vollkommene Hingabe an den Willen Gottes und die innere Antwort auf die Inspiration durch Liebe und Bruderschaft.

Dies ist bei weitem nicht so leicht, wie es klingt, und wenn euch unsere Worte recht einfach vorkommen, so möchten wir euch daran erinnern, daß allein das technische Wissen noch nicht unbedingt einen Musiker aus euch macht, ebensowenig verwandelt euch eine Ansammlung geistiger Fakten und Kenntnisse in einen Heiligen. Ihr mögt über alles Wissen verfügen und dennoch darin scheitern, den Schlüssel zum Königreich zu entdecken. Dieser Schlüssel, der die Mysterien erschließen wird, ist in den einfachen Erfahrungen des menschlichen Lebens zu finden. Sie liefern genau das Gold, aus dem der Schlüssel geformt ist.

Eine der ersten Lektionen auf dem Pfad besteht in Urteilskraft, im Unterscheidungsvermögen zwischen dem Wirklichen und dem Unwirklichen, zwischen richtig und falsch; außerdem Unterscheidungsvermögen zwischen den Eingebungen eures eigenen höheren oder niederen Selbst. Niemand vermag uns zu lehren, niemand vermag uns diese göttliche Eigenschaft des Unterscheidungsvermögens zu geben. Sie wird durch Erfahrung und Meditation erlangt.

Unterscheidungsvermögen und Urteilskraft bedeuten, eure Werte richtig zu ordnen und zuerst auf den geistigen Aspekt einer jeden Situation zu schauen. Wenn ihr mit einem Problem kämpft, versucht die Lösung nicht nach materiellem Maßstab zu finden, sondern schaut es aufrichtig an und fragt: »Welche spirituelle Bedeutung liegt darin?« Akzeptiert stets den geistigen Wert. Betet um die richtige Sichtweise und bedenkt auch, daß eure Hilfe für andere, die ihr alle gern zu geben bereit seid, darin besteht, eurem Mitbruder beim Tragen seiner Bürde zu helfen und ihm beim Überqueren seiner Brücke beizustehen. doch versucht ihm nicht sein Karma zu nehmen, denn sein Karma wird ihm helfen, Gott näherzukommen. Verwöhnt ihn ebenfalls nicht mit Dingen, die ihn nur einen Moment lang befriedigen.

Gleichzeitig müßt ihr lernen, nicht über andere zu

Gericht zu sitzen. Ihr könnt nicht urteilen, weil ihr die Vergangenheit eines anderen nicht kennt, ihr wißt nicht um das Karma, das ihn so handeln läßt, wie er es tut, und ihr vermögt nicht zu sehen, ob er vielleicht ein Werkzeug der großen »Hüter des Karma« ist. Der Mensch besitzt nicht ganz das Ausmaß an freiem Willen, das ihr ihm manchmal zuschreibt. Die Seele wird in ihrem physischen Leben bestimmten Bedingungen ausgesetzt, mit fortwährend auftauchenden Gelegenheiten, dem großen Gesetz zu dienen. Freier Wille liegt in der inneren Schwingung der Seele, in ihrer liebenden Annahme der ihr auferlegten Bedingungen und in ihrem Bestreben, ihr Bestes zu geben. Diese Seele mag – und wird – mitunter versagen, sogar viele Male. Kein Schüler kann alle Aufgaben fehlerfrei bewältigen, und manche davon müssen regelmäßig geübt werden. So verhält es sich auch mit dem menschlichen Leben. Die älteren Brüder und Schwestern beobachten die Kämpfe ihrer Geschwister auf Erden mit Liebe und Mitgefühl. Sie sagen nicht: »Dieser Mensch handelt falsch!« Sie holen nicht zum scharfen Peitschenhieb eines Urteils aus, sondern sagen vielmehr: »Lieber Bruder, liebe Schwester, du hast dein Bestes getan, es tut uns leid, daß du nun leiden mußt.« Der Bruder oder die Schwester ist voller Mitgefühl und Verständnis für all die Bedingungen und Umstände, welche die Handlungsweise verursacht haben.

Darum sagen wir euch, wie schon so viele Male zuvor – *urteilt nicht.* Wir raten, nicht zu urteilen, wohl wissend, daß derjenige, den zu beurteilen wir versucht sind, hauptsächlich ein Instrument des göttlichen Gesetzes ist. Für euch ist dies schwierig zu verstehen. Doch ein Teil der Lektion des Unterscheidungsvermögens beinhaltet, zwischen den Gesetzen des Menschen und den Gesetzen Gottes zu unterscheiden, zwischen dem inneren und dem äußeren Leben. Wir müssen lernen, jedes Problem im Licht des geistigen Gesetzes und im Licht der Liebe zu betrachten. Laßt uns um immer größeres Verständnis des göttlichen Gesetzes und der Liebe Gottes beten.

Die Seele, die das Lichtkreuz empfängt und dieses Kreuz in ihrem Herzen trägt, muß die Lektion des Unterscheidungsvermögens und der vollkommenen Übergabe des niederen Selbst an das göttliche lernen. Wenn es dazu kommt, dies im Alltag in die Tat umzusetzen, so ist das eine der schwierigsten Lektionen, die der Mensch zu lernen hat.

Nach der Stufe des Lichtkreuzes vollzieht sich die Beseelung des Herzens mit Liebe. Aus der Asche der niederen Natur erhebt sich das goldene Herz reiner Liebe. Keine Liebe, die etwas für sich begehrt, sondern eine Liebe, die sich grenzenlos an das Leben verschenkt. Dies ist der nächste Schritt auf dem Weg.

Zum Abschluß möchten wir noch folgendes klären: Die Eigenschaft des Seelenbewußtseins, die sich als Ergebnis menschlicher Erfahrung entwickelt, wird nicht in einer kurzen Inkarnation erlangt, allerdings wird auch keine Reihe von Inkarnationen mit nur einer Lektion verbracht. Für gewöhnlich werden viele Lektionen, viele erwünschte Attribute während einer Inkarnation angestrebt. So sagen wir nicht, daß die Seele nach einer bestimmten Anzahl von Inkarnationen eine Einweihung erhält und die nächste Einweihung nach einer weiteren bestimmten Anzahl. Es ist wahrscheinlicher, daß sich eine vielseitige Entwicklung vollzieht, daß viele Lektionen innerhalb vieler Inkarnationen gelernt werden und in einer Ansammlung von Einweihungen in einem Leben kulminieren. Oder eine Einweihung mag in einer lange zurückliegenden Lebensperiode stattgefunden haben, und es vergeht eine ganze Sequenz von Leben, während derer die Seele viele notwendige Eigenschaften anstrebt oder erwirbt, ehe die nächste Einweihung geschehen kann.

Stellt euch die geistige Evolution als den vollkommensten Vorgang vor ... alle Stücke und zerbrochenen Lebensfragmente werden verwendet und auf unbeschreiblich zauberhafte Art zusammengesetzt, um das Muster eines Menschenlebens auf Erden zu vervollkommnen.

»Unserem Vater-Mutter-Gott weihen wir alle Verehrung und Anbetung; unsere Herzen sind voller Dankbarkeit für den Einblick in die goldene Welt und für die Gelegenheiten, Gott und den Menschen zu dienen. Der Frieden und die Liebe des großen weißen Geistes sind allzeit mit uns.«

Amen.

III.

LICHTWEGE III

»Allmächtiger und ewiger Geist der Weisheit, Liebe und Macht, wir streben zu Dir; wir beten, daß wir auf dem Pfad, der zu Dir führt, gestärkt und unterstützt werden. Möge der Segen der heiligen Engel auf dieser Versammlung ruhen, und möge jedes Herz von der Christusliebe berührt werden.«

Amen.

Diese Worte klingen so einfach: »Möge jedes Herz von der Christusliebe berührt werden.« Viele Male haben wir alle ähnliche Worte vernommen, und dennoch vergessen wir sie in der Hitze und Anspannung des äußeren Lebens, vor allem, wenn wir von Furcht, Sorge und Trübsal beladen sind. Könnten wir unser Denken bloß zurück zu dieser einfachen Wahrheit bringen, müßte sogleich aller Ärger aufgelöst, alle Furcht vertrieben und alle Erschöpfung von uns abgefallen sein, gleichzeitig mit dem Gedanken oder der Erkenntnis in unserer Brust, daß die Christusliebe unsere Herzen berührt. Seine Berührung bringt alles in Ordnung. Haben wir die heilende und tröstende Macht der Liebe selbst erlebt, wissen wir um die Macht der Liebe, einer anderen Seele zu helfen.

Bevor wir mit euch über das Herz der Liebe sprechen, möchten wir wiederholen, daß der Blick auf das Christuslicht in den himmlischen Welten – als Ergebnis einer Erfahrung, welche einer Kreuzigung gleichkommt – einen wichtigen Schritt auf diesem Pfad geistigen Wachstums darstellt. Das niedere Selbst schreckt vor diesem Opfer zurück. Männer wie Frauen ziehen es vor, in das Gewand des Materialismus gehüllt zu bleiben und die Existenz eines geistigen Lebens zu leugnen. Intuitiv wissen sie, daß die Anerkennung eines Lebens des Geistes – also des ewigen Lebens – eine Änderung all ihrer Werte, ihrer moralischen Prinzipien und ihrer gesamten geistigen Haltung dem Leben gegenüber bedeuten würde.

Das ist einer der Gründe, weshalb sich der Mensch weigert, auf geistige Lehren zu hören. Doch wir müssen auch bedenken, daß ihn ein anderer Grund zur Ablehnung des geistigen Weges veranlassen könnte. Es gibt zwei Arten von Materialisten: jene, deren Seele jung ist, sind sich des inneren Lichtes unbewußt, und jene, die im tiefsten Inneren darum *wissen,* jedoch das Bedürfnis verspüren, einen Pfad auf der äußeren Ebene zu verfolgen, um einen bestimmten Dienst zu leisten. Vom äußeren Aspekt her ist es unmöglich zu beurteilen, welches Motiv den Handlungen eines Menschen zugrundeliegt.

Es könnte für eine Seele notwendig sein, in eine bestimmte Inkarnation mit anderen, herausragenden Charaktereigenschaften zurückzukehren, weil sie möglicherweise auf einer mehr materiellen Ebene einen Dienst zu leisten hat. Liegt ihr Dienst an der Menschheit vielleicht in der kommerziellen Welt, sind kommerzielle Instinkte und Fähigkeiten erforderlich, um die Aufgabe erfüllen zu können. Das Licht des Himmels würde ihn eher blenden und von seinem Kurs abbringen. So wird ihm das Licht für die Zeit des Daseins barmherzig verborgen. Dies zeigt, wie unmöglich es für jemanden ist, eine andere Seele zu beurteilen.

Zur richtigen Zeit heißen wir alle dieses Opferkreuz oder diesen Verzicht auf die körperlichen, mentalen und, wie wir hinzufügen möchten, geistigen Wünsche freudig willkommen. Die »geistigen Wünsche« erwähnen wir deshalb, weil dieser Pfad einer Rasierklinge gleicht, die Versuchungen auf ihm sind sehr verborgen. Nur indem wir unsere Absichten rein erhalten und das Christuslicht gleichmäßig brennen lassen, vermögen wir auf dem Pfad zu bleiben. Versuchungen durch das niedere Selbst tauchen während des gesamten Weges auf. Selbst ganz oben auf der Leiter können wir noch einen falschen Schritt tun und abstürzen, so daß wir die Stufen erneut hinaufklettern müssen.

Laßt euch davon nicht entmutigen, und behaltet die Wirklichkeit des inneren Lichtes vor Augen. Wie sehr ihr auch von euren eigenen Schwächen und Fehlschlägen versucht werden möget – macht weiter, macht weiter ... haltet durch und macht weiter. Drängt voran. Gebt das Unterfangen nicht auf, denn das wäre schwach und unzulänglich und würde zu nichts führen. Ihr könnt nicht in die Blindheit der materiellen Ebene zurückkehren; sind eure Augen erst einmal geöffnet, gibt es nur einen Weg für euch, und der führt vorwärts. Doch hütet euch vor der Versuchung selbstsüchtigen Ehrgeizes, der euch auf dem geistigen Pfad vorwärts und aufwärts drängt, nur wegen der Herrlichkeit, die eurer wartet. Das wird nicht segensreich sein.

Bestimmte planetarische Einflüsse verlangen Entsagung. Einerseits geben, andererseits nehmen sie.

Solche Einflüsse nehmen euch etwas, und ihr habt keine Wahl, was euch genommen wird. Doch obwohl diese Einflüsse euch auf der äußeren Ebene der Besitztümer und Annehmlichkeiten berauben, die ihr sehr mögt und die ihr als nützlich erachtet, bitten wir euch, immer zu bedenken, daß Gott niemals nimmt, ohne zu geben, und was die eine Hand nimmt, gibt – in veränderter Form – die andere. Dies ist Gottes Wohltätigkeit, Gottes Gnade und Gottes Liebe.

So muß der Anwärter, der den Pfad zu den Pforten der Einweihung beschreitet, darauf vorbereitet sein, das Kreuz der Entsagung oder die Kreuzigung willkommen zu heißen. Die zu voller Kraft heranwachsende Seele, die Seele, in der die Flamme hell zu brennen beginnt, wird allem Verzicht verstehend, ruhig und freudig begegnen. Denn diese weise Seele wird *erkennen,* daß alles Verlorene seinen Sinn und Zweck erfüllt hat, und nun etwas Besseres auf sie wartet. Sie weiß zwar noch nicht, ob auf geistiger oder materieller Ebene, doch es ist gewiß etwas Besseres, das sie erwartet. Wir müssen lernen, das Kreuz mit Fassung zu tragen, wissend, daß aus der Asche der Vergangenheit neues Leben geboren wird.

Schmerz und Leid entstehen so oft, weil eine Seele an einem Umstand festhält, der ihr offensichtlich entzogen werden muß. Doch wenn wir diese Lektion gelernt haben und bereitwillig entsagen, erhalten wir neue Gelegenheiten und größeren Segen. Wir könnten sogar sagen, daß der Meister seine Hand auf den Kopf des Schülers legt, mit den Worten: »Gut gemacht, junger Bruder…«

Ihr fragt: »Wie kann eine Seele der Welt und den menschlichen Beziehungen entsagen, wenn beides lebensnotwendig ist?« Bruder, Schwester, Sohn, Tochter, Vater, Mutter – wären diese Beziehungen nicht notwendig, hätte Gott sie nicht erschaffen. Daher sagen wir, daß menschliche Beziehungen notwendig sind, ebenso wie materielles Leben an sich notwendig ist. Alles dient einer göttlichen Bestimmung. Die Beziehungen belehren euch und vermitteln Erfahrung im menschlichen Gefühlsbereich. Doch, und das ist der entscheidende Punkt, ihr dürft von der Persönlichkeit, von persönlichen Beziehungen, von Besitztümern, Status oder Begehren weltlicher Dinge nicht versklavt werden. Entsagung bedeutet nicht Rückzug aus der Welt; denn ein Mensch mag auf alles verzichten und dennoch in der Welt leben und seine menschlichen Beziehungen aufrechterhalten. *Innerlich* jedoch ist dieser Mann oder diese Frau frei, denn tief im Herzen bleibt einzig die Sehnsucht, das große weiße Licht besser zu erkennen, dem großen weißen Licht näherzukommen und mit diesem göttlichen Feuer und Licht einszuwerden. Entsagung bedeutet, die äußeren, die materiellen und persönlichen Dinge des Lebens in die rechte Perspektive zu rücken. Sie haben ihren Nutzen; so benutzt sie, doch erlaubt ihnen nicht, euch zu versklaven.

»Ich bin bereit, Vater-Mutter-Gott, Deinem Licht und Deinem Willen allezeit zu folgen. Benutze mich, wie Du es willst. Ich wünsche nichts für mich; nichts, was mir das irdische Leben zu geben vermag, besitzt irgendeine Macht über mich. Ich ersehne allein Deinen Willen, eine Offenbarung Deines Sohnes aus mir zu formen. Ich möchte eine Rose sein, die in Deinem Garten wächst und den süßen Duft Deiner Liebe ausstrahlt. So würde ich wachsen, unbemerkt, unerkannt von den Vorbeigehenden. Ich wäre zufrieden, eine Rose in Deinem Garten zu sein.«

Das ist die Entsagung vom niederen Selbst, von den Begierden und Bestrebungen der Welt. Ihr könnt in der Welt leben und doch nicht von der Welt sein. Es gibt keine Selbstbehauptung mehr in jenem, welcher entsagt hat, nur noch Sanftmut und Selbstverleugnung. Doch darin liegt keine Schwäche, meine Geschwister, sondern ein großer Mut und dynamische Kraft, verwendet im Dienste Gottes.

Dann freuen wir uns auf die nächste Stufe, symbolisiert durch das von Liebe entflammte Herz, das in der Christusliebe brennende Herz. In der Meditation werdet ihr allmählich lernen, euch des Herzens als eines Lichtes bewußt zu werden, das seine Strahlen aussendet. Das Herz-Zentrum ist wie die Sonne, tatsächlich ist es die Sonne *eures* Sonnensystems. Die Menschheit der Zukunft wird lernen, mit dem Herzen zu denken. Gegenwärtig denken die Menschen noch mit dem Verstand des Kopfes, der sich zu solchem Ausmaß entwickelt hat, daß er das Licht des Herzens nahezu erstickt. Doch Männer und Frauen des Neuen Zeitalters werden mit dem Verstand Gottes denken, welcher im Herzen wohnt. Je stärker ihr auf die Eingebungen des Herzens in euren menschlichen Beziehungen reagiert, desto sicherer wandelt ihr auf dem Pfad geistiger Entfaltung. Der Verstand der Zukunft wird im Herzen denken. Es beginnt bereits bei den Männern und Frauen, welche auf die Intuition hören, die den Verstand im Kopf soweit zu beherrschen vermögen, daß er in Schweigen verharrt, wenn es ihm befohlen wird. Ihr werdet ebenfalls entdecken, daß ihr in jedem Aufruhr die benötigte Anweisung empfangen werdet, wenn ihr lernt, still zu sein und das Herz sprechen zu lassen. Doch es wird in Form eines *Empfindens,* einer Intuition auftauchen. Während sich euer Herz-Zentrum allmählich öffnet und entfaltet, werdet ihr der wahren Führung des Verstandes in eurem Herzen gewahr und beginnt, darauf zu hören.

Eines der Geheimnisse, das eine frühe Bruderschaft hütete, bestand im Wissen um den Aufenthaltsort eines Schlüssels, der das Königreich Gottes aufzuschließen vermochte. »Wo hängt der Schlüssel?«, lautete die Frage; und die Antwort war: »Der Schlüssel liegt im Herzen.«

Auf diesem Pfad der Liebe gibt es allerdings viele Fallstricke und Täuschungen. Gefühl hat seinen Stellenwert, doch Gefühl ist nicht Liebe. Mißverstandene Liebe – oder Gefühlsduselei – kann einen Menschen für den wirklichen Dienst an seinem Bruder verblenden, sie läßt ihn auf törichte Weise geben und nicht nur seinen Mitbruder, sondern indirekt auch sich selbst verwöhnen. Wir sehen das Bild der hingebungsvollen Mutter, die dem Kind alles gibt, was es haben will, im Glauben, dies sei Liebe. Was ist das Ergebnis? Weit davon entfernt, ihrem Kind Möglichkeiten zu bieten, glücklich zu sein und zu wachsen, beraubt die Mutter es jeder Chance der Selbstentfaltung und der Persönlichkeitsentwicklung. Die weise Mutter hält sich mit verschwenderischen Ausgaben zurück. Das bedeutet nicht, daß sie kalt und gleichgültig sei, sondern daß ihre Liebe so groß ist, daß sie das kindliche Bedürfnis nach Erfahrungen klar erkennt und weiß, daß es lernen muß, seine eigenen Entscheidungen zu treffen. Unterstützt und tröstet euren Mitbruder, euer Kind; doch helft ihm, stark zu sein, seine eigenen Entscheidungen zu fällen und seine eigenen Erfahrungen zu sammeln. Zu viele Süßigkeiten können ein Kind krank machen. Wenn ihr euren Mitbruder verwöhnt und ihm alles schenkt, was er begehrt – im Glauben, dies sei Liebe – so verhaltet ihr euch wie bei einem scharfen Angriff, der mehr schadet als nützt. Daher sagt ihr, wenn ihr klug seid: »Ich habe genug Unheil angerichtet, ich werde denjenigen, den ich liebe, nicht länger mit Geschenken überhäufen. Sehe ich, daß er Verständnis und Hilfe braucht, werde ich mich mit all meinen Möglichkeiten für ihn einsetzen.« Die beste Hilfe, die ihr eurem Bruder geben könnt, besteht in liebevollem Verhalten, Verständnis und Sympathie; fühlt euch in seine Ziele und Bemühungen ein, und wenn er einen bestimmten Weg einschlagen möchte, so sagt nicht: »Das würde ich nicht tun.« Sprecht eher: »Wenn du diesen Weg als richtig empfindest, werde ich alles in meiner Macht stehende tun, um dir zu helfen. Ich bin die ganze Zeit bei dir, mein Bruder, voller Sympathie und Liebe. Doch mußt du dein eigenes Heil finden, das kann dir niemand abnehmen.« Haben wir es einfach genug dargestellt, damit ihr die Tiefe dieser Lektion der Liebe verstehen könnt?

Indem ihr zu lieben lernt, wächst die Weisheit in euch. Wir verbinden stets Weisheit und Liebe, denn wahre Liebe bringt Weisheit hervor. Weisheit könnt ihr nicht von Liebe trennen. Wahrhaftig zu lieben bedeutet, die Bedürfnisse eures Bruders euren eigenen voranstellen zu können und klar zu erkennen, worin sein wirkliches, wichtigstes Bedürfnis liegt. Ihr möchtet ihn geistig, charakterlich und in seiner Zielgerichtetheit wachsen sehen; und im Hinblick darauf helft ihr ihm, soweit es euch möglich ist.

Dürfen wir euch einen unscheinbaren und einfachen Weg der Liebe aufzeigen? Ihr mögt sehr beschäftigt sein, erfüllt von euren eigenen Angelegenheiten, und habt vielleicht so viele Pflichten, daß ihr gar nicht wißt, wie ihr alles schaffen sollt. Da begegnet euch jemand, der offensichtlich bedürftig ist, der arm ist – arm an Liebe, arm an Gesundheit. Die Versuchung könnte nun darin liegen, ihn zur Seite zu schieben, sich nicht mit ihm zu beschäftigen, weil ihr soviel Arbeit habt. Doch Liebe spricht: »Andere Dinge können warten. Dies ist mein Mitbruder. Seine Sorgen sind mir so nahe wie meine eigenen.«

Verleitet diesen Mitbruder jedoch nicht dazu, eure Zeit zu verschwenden. Leitet ihn sanft an, euch sein Herz auszuschütten, lauscht, und bemüht euch nach besten Kräften, die Wahrheit für ihn zu erkennen und die freundlichen, liebevollen und konstruktiven Worte zu finden, die den Wendepunkt in sein Leben bringen könnten. Seid nie so beschäftigt, daß ihr nicht einem Mitmenschen in Not zuhören und ihn mit praktischer Hilfe unterstützen würdet, falls notwendig. Doch seid gleichzeitig von Weisheit gelenkt und nicht von Gefühlen überwältigt. So einfach ist es! Oh, es klingt so einfach und mag euch nicht sonderlich wichtig vorkommen. Aber genau diese kleinen Dinge sind es, die uns helfen, nahe zum Herzen der universalen Liebe zu gelangen.

Solch ein liebevoller Mensch muß sehr behutsam sein, den anderen nicht durch ein unbedachtes Wort zu verletzen. Sprecht sanftmütig und achtsam, denn ein Hieb mit dem Schwert kann schmerzvoll sein. Der Schüler des Meisters der Liebe verletzt einen anderen in keiner Weise, und diese Freundlichkeit und Gewaltlosigkeit umarmt alles Leben. Gebt euer Bestes, um die Verletzung irgendeiner Lebensform zu vermeiden. Das ist Liebe. Es gibt soviel Grausamkeit im Leben, mutwillige Grausamkeit, die der Selbstsucht entspringt, der Gier und der gewalttätigen Emotion – und es gibt die Grausamkeit, die aus der Unwissenheit und Gedankenlosigkeit entsteht.

Nehmen wir ein einfaches Beispiel. Ihr habt ein Tier als Gefährten, sagen wir einmal, einen Hund. Wenn ihr euren Freund liebt, streichelt ihr ihn nicht nur und macht viel Aufhebens um ihn (oder verwöhnt ihn!), sondern ihr versteht seine wahren Bedürfnisse und sorgt für ihn. Euren kleinen Freund zu lieben, bedeutet, sich um seine Bedürfnisse zu kümmern. Ebenso verhält es sich mit den Blumen. Das Naturreich ist der Pflege des Menschen anvertraut, und der Mensch unternimmt es selbständig, Blumen zu züchten oder Blumen zu schneiden, um damit sein Heim zu schmücken. Diese Blumen sind empfindsam, sie sind voller Lebenskraft, und sie brauchen eure Liebe. Sie verlangen nach liebevoller Aufmerksamkeit, sie wünschen sich Gefühl von euch. Einer, der auf dem Pfad wandert, wird die Tiere und die Pflanzen lieben, begreifend, daß dies andere Lebensformen sind, ein Teil Gottes wie er selbst. Er wird das Naturreich und das Tierreich achten, wie er seine Mitmenschen achtet und liebt.

Ihr werdet sagen: »Wie können wir diejenigen respektieren, die Dinge tun, mit denen sie alle Lebensgesetze schändlich verletzen?« Achtet das, von dem ihr wißt, daß es eurem Mitmenschen innewohnt – das Licht Gottes, das nach Wachstum und Ausdruck strebt. Kinder malen Bilder, und die Ergebnisse ihres Bemühens sind nicht immer wunderschön, doch sie geben ihr Bestes. Unser Mitmensch mag ein Bild malen oder der Welt zeigen, das unschön aussieht, dennoch ist es eine Form von Ausdruck und Wachstum, und – auf eine von uns nicht immer gewürdigte Art – eine Form des Dienens. Für euch ist es schwierig zu verstehen, daß sogenanntes Übel und Häßlichkeit eine Form des Dienens sein kann, und doch ist es so. Die Eigenschaft eines liebenden Menschen besteht in der Bemühung, immer das *Gute* zu erkennen, das zum Leben beigetragen wird.

Wir haben euch einige einfache Beispiele gegeben, einfach möglicherweise deshalb, weil wir euch zu zeigen versuchen, was es bedeutet, zu lieben. Alle diese Aufgaben sind zu bewältigen, um die größeren Einweihungen zu ermöglichen. Und doch genügt es noch nicht, zu entsagen und auf einfache, menschliche Weise lieben zu lernen. Wir müssen uns auch einer inneren Entfaltung bewußt werden, der Öffnung der Seelenfenster, dieser Zentren oder Wirbel psychischer Energie. Im Osten sind sie als Chakras bekannt, die an bestimmten Punkten der Wirbelsäule gelegen sind, verbunden mit den Hormondrüsen und den Hauptnervensträngen. Manche werden behaupten, daß die von uns beschriebenen Voraussetzungen nicht für die Entwicklung der inneren Fähigkeiten notwendig seien. Doch der einzig sichere Weg liegt, soweit wir es einzuschätzen vermögen, im Weg der Selbstdisziplin auf der äußeren Ebene, zusammen mit der inneren Entwicklung psychischer und geistiger Fähigkeiten.

Leider müssen wir euch jetzt verlassen, doch wir hüllen euch in Liebe, wir halten jeden von euch an ein großes Herz, das euch liebt. White Eagle spricht nicht von sich, sondern vom größeren Herzen, das dahinter liegt. Diese große Liebe umhüllt euch, und solange ihr in dieses Herz eingehüllt sein möchtet, wird es euch halten, euch Zärtlichkeit, Trost und Kraft schenken, es wird euren Charakter veredeln, es wird euch inspirieren, weiter auf eurem zugewiesenen Pfad fortzuschreiten, es wird euch begleiten, es wird euch Liebe und unbeschreibliche Freude bringen und zur rechten Zeit die Herrlichkeit des göttlichen Lebens enthüllen.

Wir danken Dir, Vater-Mutter-Gott.

»Wir sind in Licht gebadet. Wir beugen unser Haupt in Ehrfurcht. Wir danken dem Höchsten für unser Leben, für alle Freude des Wachsens und Dienens. Wir kennen keinen anderen Gott als den Gott der Liebe. Wir achten ebenso alle anderen weisen Geschwister, die der Menschheit seit Anbeginn der Welt gedient haben, und vor allem preisen wir Gott für die Offenbarung seines Geistes durch seinen Sohn, Christus den Herrn. Ihn rufen wir an, im Namen des Vaters, daß er uns, seine jüngeren Geschwister, im Dienste der Schöpfung benutzen möge.«

Amen.

IV.

LICHTWEGE IV

»Laßt uns in Harmonie, in Einfachheit des Geistes und des Herzens, vor den Thron des Höchsten, des All-Guten, treten, vor Vater-Mutter-Gott. Wir beten um das rechte Verständnis, wie wir Gott und unserem Mitbruder dienen sollen. Wir beten, daß unsere Vision klar, unser Ziel unerschütterlich und wahrhaftig und unsere Liebe sanft und voller Mitgefühl sein möge. Mögen alle die große Bruderschaft der Liebe wahrnehmen, die Geschwister im Licht, welche die Menschheit lieben und ihr dienen.«

Amen.

Bevor wir mit unserem Thema fortfahren, möchten wir eurer Vorstellungskraft das Bild einer vollkommenen Rose vermitteln. Ihre Blütenblätter sind der Sonne geöffnet, und Tautropfen schimmern auf ihnen. Während ihr einatmet, verspürt ihr den Segen und die Inspiration, die aus der Substanz hervorgeht, aus der die Blüte besteht. Wir möchten euch verständlich machen, daß alle physischen Sinne ihr ätherisches Gegenstück besitzen. Mit der ätherischen Entsprechung eures Sehvermögens, eures Gehörs, eures Geruchssinnes, des Tast- und Geschmackssinnes vermögt ihr wunderbare Formen wahrzunehmen, die eine Zeitlang oder vielleicht sogar in Ewigkeit auf jenen höheren Ebenen existieren.

Die Rose ist ein Symbol der Liebe, über die wir

letztes Mal sprachen. Sie wird häufig auf dem Kreuz dargestellt – die Rose des Lebens, die im Herzen des Kreuzes der Menschheit erblühen wird, wenn der Mensch seine geistige Evolution vollendet hat und erneuert ist, wiedergeboren als Christus-Mensch.

Jesus Christus sagte zum reichen Mann, der ihn gefragt hatte, was er tun solle, um das ewige Leben zu erlangen: *»Verkaufe alles, was du hast, und verteile es unter die Armen.«* Der junge Mann wendete sich voller Sorgen ab, denn er besaß große Reichtümer. Dies wird für gewöhnlich auf die materiellen Reichtümer bezogen – doch der Meister bestimmte die Art der Besitztümer, die er meinte, nicht näher. Bedeutet das nicht eigentlich, daß der Mensch bereit sein muß, alles aufzugeben, was ihm lieb und teuer ist? Aller Besitzerstolz muß weichen, seien die Besitztümer weltliche Güter, intellektuelle Errungenschaften oder geistige Juwelen. Der Hl. Johannes beschreibt in der »Offenbarung«, wie die vierundzwanzig Ältesten ihre Kronen vor den Thron Gottes hinwerfen. Jeder Mensch muß eines Tages an den Punkt kommen, an dem er sagt: »Gott, ich werfe meine Krone vor Dir ab, denn es ist nutzlos, mein Haupt zu schmücken. Alles, was ich habe und bin, gebe ich Dir zurück. Meine Geschwister benötigen meine Dienste – das ist alles, was mich nun noch kümmert. Ich gehe, ungeschmückt, um dem Leben zu dienen.«

Besitzerstolz ist eine subtile Versuchung, der ein jeder in unterschiedlicher Form begegnet. Wir alle hängen in der einen oder anderen Weise an Besitztümern, doch schließlich müssen wir den Punkt geistigen Wachstums erreichen, an dem wir erkennen, daß alles Eigentum, alle Geschenke, alle Errungenschaften

Gott gehören. Aus uns selbst heraus sind wir nichts, wir leben, existieren und bewegen uns nur im Bewußtsein unseres göttlichen Vaters.

Mit dieser Erkenntnis besitzt der Mensch einen Reichtum jenseits aller irdischen Träume; und indem er wahren Reichtum zu begreifen beginnt, wird der Mensch Teil der universalen Kraft, die ihm zur Verfügung steht – nicht für ihn selbst, sondern zum Wohle des Ganzen.

Wir haben euch vor Augen führen wollen, daß das Ziel der geistigen Suche des Menschen die Erkenntnis seines Gottesbewußtseins ist. Solch ein Ziel anzustreben, erfordert die Überwindung des Selbst, das »verkaufe alles, was du besitzt« oder das »Hinwerfen der Krone der Herrlichkeit vor dem Thron Gottes«. Der Mensch kann *nichts* für sich selbst behalten, das widerspricht dem großen Gesetz. Doch indem er sich selbst wahrhaftig hingibt, wird der Mensch eins mit Gott, der universalen Lebenskraft. Diese Wahrheit sollte in den geringsten Kleinigkeiten im Leben des Schülers Anwendung finden.

Es geschieht etwas im Innern des Schülers, wenn er die einfachen Regeln der Entsagung, des Mitgefühls, der Weisheit, der Liebe und des Dienens in seinem täglichen Leben einsetzt. Viele Methoden wurden und werden im Osten und, in gewissem Maß, auch im Westen benutzt, um die Energie-Zentren oder die »Seelenfenster« in den feineren Körpern des Menschen zu öffnen. Solche Methoden können sicherlich Kraft freisetzen und eine bestimmte Stufe der Erleuchtung ermöglichen. Doch die genaue Befolgung der Regeln des geistigen Pfades im Alltagsleben bringt es mit sich, daß diese »Seelenfenster« gereinigt werden und sich ganz natürlich dem himmlischen Leben öffnen. Mit der Übung wahrer Brüderlichkeit wird beispielsweise das Herz-Zentrum stimuliert, das Kehl-Zentrum beginnt sich zu erweitern und Licht auszustrahlen und das Kopf-Zentrum fängt an, sich sanft zu drehen und zu öffnen, um ein Instrument der göttlichen Intelligenz zu werden. Die Zentren des unteren Dreiecks im Körper beginnen ebenfalls, eine schönere Form anzunehmen und gelangen unter den Einfluß und die Herrschaft des höheren Dreiecks ... der Weisheit, Liebe und Kraft des Gott-Menschen, des Christus-Menschen.

Folgt man dem mystischen Pfad der Meditation, der Entwicklung und des Wachstums im täglichen Leben, dann werden sich die Seelenfenster natürlich und anmutig öffnen. Dies ist kein erzwungenes Wachstum, denn auf dem Entwicklungsweg gibt es große Versuchungen, so daß *erzwungenes Wachstum* äußerste Vorsicht verlangt. Derartig »gewolltes« Wachstum kann empfindlich sein, und die so gezeugte Blume könnte welken. Die Pflanze, der sie entspringt, muß möglicherweise sorgfältig gepflegt werden, ehe sie ihr Leben und ihre Kraft wiedererlangt. Doch die Pflanze, die unter natürlichen Bedingungen wächst, die den Sturm, den Wind und Regen überstanden hat, besitzt eine gute Chance, kräftige, duftende Blumen und gute Früchte hervorzubringen.

So eröffnen sich der Seele zwei Pfade: der Weg der Liebe, der mystische Weg und der Weg des eher erzwungenen okkulten Wachstums. Manche vermögen diesen Weg zu verkraften, kommen ausgezeichnet durch und gehen gut ausgebildet daraus hervor. Es ist jedoch ein schwieriger Weg voller Gefahren. Damit wollen wir nicht sagen, daß der mystische Pfad nicht auch schwierig sei. In mancher Hinsicht kann es ein Weg sein, der das Herz bricht. Deshalb empfehlen wir für diesen mystischen Pfad die besondere Notwendigkeit der Leidenschaftslosigkeit. Ihr werdet sehr empfindsam, ihr verspürt unmittelbar die Auswirkungen der Worte und Taten eurer Gefährten. Ihr müßt lernen, dies weise und leidenschaftslos anzunehmen. Sind Herz-, Kehl- und Kopf-Zentren bis zu einem gewissen Grad entwickelt, werdet ihr aufnahmefähig für die Gedanken und Worte anderer. Daher ist es von größter Wichtigkeit, innere Stärke und Ausgeglichenheit zu entwickeln. Ihr müßt lernen, leidenschaftslos zu werden und eure Gedanken nach außen, auf das Wohlbefinden der anderen zu lenken, anstatt innerlich über euren eigenen Verletzungen, Fehlern und Mißerfolgen zu brüten. Viele verschwenden zuviel Zeit mit der Innenschau ... Sie fragen sich, ob dies oder das richtig sei, ob das und jenes falsch sei; so eifrig und ängstlich sind sie auf den Fortschritt bedacht. Das ist jedoch eine Schwäche, die überwunden werden muß. Ein paar Fehler sind ohne große Bedeutung. Entscheidend ist, was ihr denkt, was ihr an Liebe, Mitgefühl und Großherzigkeit zur Entwicklung der Menschheit beitragt, das ist allein wichtig.

Wendet euch vor allen Dingen nicht nach innen, um über eingebildeten Fehlern zu brüten. Bedenkt, daß alle Menschen sowohl Schüler als auch Lehrer sind. Ihr mögt Schüler eines Mannes oder einer Frau sein und Lehrer für irgendeinen anderen. Laßt euch von dem, was um euch herum vorgeht, nicht aus der Fassung bringen und noch nicht einmal berühren, sondern schreitet ruhig voran, im Wissen, daß alle danach streben (genauso wie ihr), Gottesbewußtsein zu entfalten.

Habt ihr gelernt, leidenschaftslos zu sein, erscheint ihr jenen, die euch beobachten, als ein festes, sicheres Werkzeug, das von den älteren Brüdern, den Herren der Weisheit, eingesetzt werden kann. Im Falle der Notwendigkeit seid ihr bereit und tretet als Diener hervor. Euer Licht erstrahlt, ihr werdet aus großer Ferne gesehen und gerufen, um unter den Menschen aufbauende Arbeit zu leisten. Wie könntet ihr berufen werden, ehe nicht diese Leidenschaftslosigkeit, diese Standfestigkeit erreicht worden ist? Die älteren Brüder wüßten nicht, wie eure Reaktion unter gewissen Umständen verlaufen würde. Doch seid ihr geprüft worden, habt ihr diese Prüfungen stark und unerschüttert überstanden, dann können sich die älteren Geschwister darauf verlassen, daß ihr jede Art euch anvertrauter Arbeit ausführt – ihr werdet sie wie ein gut ausgebildeter Soldat verrichten, der den Befehlen seines Vorgesetzten gehorcht.

Darauf müßt ihr euch vorbereiten. Euer vorgesetzter Offizier erläßt seine Befehle in Form der kleinen, leisen Stimme; und der Mann oder die Frau, die darauf zu lauschen gelernt haben, werden diese Stimme aus allem Lärm und Tumult der Welt heraushören. Die Kultivierung der Leidenschaftslosigkeit und die ruhige Stille in der Brust werden den Aspiranten befähigen, die Stimme des Meisters, auf dessen Befehle er wartet, klar zu empfangen.

Ihr werdet fragen: »Wie kann ich sicher sein?« Dies ist immer die Frage. »Ist diese Stimme *wirklich* die Stimme des Meisters?« Jesus sagte: *»An ihren Früchten werdet ihr sie erkennen.«* Fordert euch eine

Stimme auf, bestimmte Dinge zu tun, die euer Gewissen für gut, liebevoll, freundlich und weise hält, so ist die Stimme echt. Doch wenn diese Stimme quält, aufregt oder verwirrt, entspringt sie nicht der wahren Quelle, und ihr könnt sie unbeachtet lassen. Der Meister besitzt eine Stimme der Liebe, Gerechtigkeit, Güte und Weisheit, sie entbehrt der Kritik oder Verurteilung. Wir wiederholen nochmals, daß derjenige, welcher der Einweihung würdig sein möchte, lernen muß, jenen Dingen gegenüber unbeteiligt und gelassen zu bleiben, die normalerweise den weniger verständnisvollen oder jüngeren Bruder veranlassen würden, ängstlich, ärgerlich oder verwirrt zu handeln. Dies sind geistige Zustände, die ihn von den Segnungen Gottes abschneiden, die sein eigentliches Geburtsrecht sind. Der Mensch büßt sein Geburtsrecht ein, wenn er verletzender Leidenschaftlichkeit erliegt.

Zu Beginn unseres Vortrags haben wir euch für eure Meditation das Bild der Rose übermittelt. Nun möchten wir euch zum Abschluß bitten, die Form einer Seerose vor eurem inneren Auge zu formen. Stellen wir uns diese reine weiße Blüte auf der Oberfläche eines ruhigen Wassers vor, ihre Wurzeln reichen bis in den Schlamm auf dem Grund hinab. Laßt uns in diesem Symbol ein Bild der Seele sehen, die zur Ruhe gekommen ist, unberührt von den Stürmen und Leidenschaften des Lebens; der Seele, welche die Lektion der Leidenschaftslosigkeit gelernt hat.

Dieses Symbol soll während unserer Betrachtung unsere erwartungsvollen Herzen in den Zustand der Leidenschaftslosigkeit versetzen, den wir suchen. Es ist ein Symbol der Entsagung, der Überwindung. Es zeigt den schweigenden Beobachtern, wann die Seele bereit ist und darauf wartet, zu den Pforten des Himmels geleitet zu werden…

»Großer Geist der Liebe, wir beten einzig darum, Deiner Herrlichkeit bewußter zu werden, damit unser Licht zu größerer Helligkeit anwachse. So mögen auch die anderen auf der Reise des Lebens das Licht erschauen und im schlichten Heim der Liebe willkommen sein, das wir für alle Wanderer auf dem Pfad des Lebens erbauen.«

Amen.

V.

LICHTWEGE V

Hat man die Lektion der Entsagung und Leidenschaftslosigkeit bestanden und etwas darüber gelernt, wie man liebt, so ist die Seele bereit, zum großen Portal der Einweihung voranzuschreiten. Wir möchten Einweihungen in zwei Kategorien unterteilen: Erstere sind kleine, die darauffolgenden sind große Einweihungen. Erstgenannte werden fortwährend im menschlichen Leben erfahren und geschehen möglicherweise, ohne daß der Kandidat deren wahren Wert erkennt. Die großen Einweihungen sind bestimmte geistige Erfahrungen, die ein Kandidat nicht durchlaufen kann, ohne sich dessen bewußt zu sein. Jede Seele, welche in die himmlische Weisheit eingeweiht ist, erlebt die Einweihung im vollen Bewußtsein dieser Erfahrung, wenngleich deren Verinnerlichung einige Zeit erfordern mag. Kleinere Einweihungen werden von allen Menschen während ihrer zahlreichen Inkarnationen erlebt. Es sind Erfahrungen, welche die Seele tief beeindrucken und dem Neuling ein Verständnis für die wahren Werte des Lebens und für die richtigen Beziehungen zu seinen Mitmenschen eröffnen.

Großer Aufruhr im menschlichen Leben, Veränderungen und Entscheidungen, die im Verlauf des Lebens auftauchen, können als kleine Einweihungen betrachtet werden. Die Seele lernt durch Kummer und Freude gleichermaßen, und alle diese Erfahrungen sollen dieser Seele eine stets wachsende Weisheit und tieferes Verständnis für ihre Mitmenschen und sich selbst vermitteln. Diese geringeren Einweihungen finden während einer Inkarnation häufig statt. Doch wurde die Lektion nicht beachtet, versäumte es der Schüler, eine dieser Lektionen in einer Inkarnation zu lernen, so wird die Seele mit der gleichen Lektion wieder und wieder konfrontiert, in aufeinanderfolgenden Leben, bis die Lektion gelernt ist. Es ist vorteilhaft, aufmerksam auf die Lektionen zu achten, die uns die großen »Hüter des Karma« senden, und für jede Lektion – so, wie sie kommt – dankbar zu sein, denn dadurch schreiten wir auf dem Pfad geistiger Entwicklung voran, auf der Heimreise zu unserem Vater-Mutter-Gott.

Große Einweihungen werden von denen erlebt, die schon ein gutes Stück auf dem Pfad der Jüngerschaft gewandert sind; und sie bewirken eine Öffnung des Herz- und Kehl-Chakras und der Kopf-Zentren. Wir sollten diese drei Punkte in bezug auf eine große Einweihung jedoch nicht von den unteren Zentren trennen – vom Solarplexus, Sakral- und Wurzel-Chakra. Alle diese Lichtpunkte im Menschen sollen auf dem Pfad stufenweise zum Leben und zur Macht erwachen.

Wir wollen die größeren Einweihungen nicht in bestimmte Abteilungen trennen und festlegen, daß bei der ersten Einweihung dieses und jenes stattfindet, bei der zweiten Einweihung etwas anderes, und so fort. Eher würden wir es als eine allgemeine Erwekkung des *Guten* in der individuellen Seele bezeichnen, als gleichzeitiges Wachstum auf mehreren Ebenen, denn als separate Verstärkung irgendeines einzelnen Aspektes.

Zu Beginn, wenn die Seele als kleiner Säugling zum langen Weg des Wachstums und zur Entfaltung der geistigen Kräfte, mit denen sie ausgestattet ist, aufbricht, sieht sie vom geistigen Aspekt wie eine winzige Flamme, wie »ein kleines Licht« aus. (Bei denen, die über Erinnerungen an die ägyptischen Riten verfügen, sollte »kleines Licht« eine Saite im Gedächtnis zum Schwingen bringen). Der Mensch kam von Gott und zu Gott kehrt er zurück. Der Geist des Menschen ist wie ein »kleines Licht«, ein kleiner Lebensfunke, der aus der Sonne kam – nicht der Sonne, die ihr am Himmel seht, sondern der ewigen kosmischen Sonne, der SONNE hinter der Sonne. Wir alle gleichen winzigen Flammen, von dieser Sonne ausgeatmet. Während des Evolutionsprozesses wächst dieses »kleine Licht« und wird mit der Zeit zu einem strahlenden Sonnenstern, zu einem Christus.

So wird mit dem Fortschreiten der Seele auf dem Pfad das Licht heller; doch erst wenn sie eine lange, lange Strecke gereist ist, beginnt sich dieses innere Licht auszubreiten und aus der sie umschließenden Form auszustrahlen. Stellt euch einen dunklen Raum vor, in dem ein Nachtlicht brennt. Dem gleicht die Erscheinung eines Menschen, dessen Licht noch nicht zur Helligkeit und Kraft angewachsen ist. Jene, die über die Menschheit wachen, die stillen Beobachter der Menschheit, halten nach Menschen Ausschau, die nützlich sein könnten, und sie vermögen augenblicklich zu erkennen, wann ein Licht stark genug geworden ist, andere zu lenken und zu führen. Ist dieses Licht nutzbar, so kann es verstärkt und zu einem Feuer entfacht werden. An seinem inneren Licht wird der Mensch von seinem Lehrer und seinem Meister erkannt.

Ihr könnt euch andererseits einmal ein ganz erleuchtetes Haus vorstellen, dessen Fenster alle geöffnet sind; sein Licht strahlt in die ruhige Landschaft aus, oder vielleicht in die große Stadt, in der es steht. Vergleicht beide Bilder: zuerst das kleine Zimmer mit dem winzigen Licht, kaum sichtbar, und andererseits das Haus, das vor Licht und Wärme erstrahlt; wie ein Leuchtturm scheint es in die Landschaft hinaus oder wirft ein helles Licht auf die Stadt. Dies ist der große Unterschied zwischen einer jüngeren Seele, deren Licht noch verborgen ist und einer älteren Seele, welche die Strahlen geistigen Lichtes in alle Richtungen aussendet.

Zu Gott kehren wir zurück! Gott ist das innere Licht. Wir kehren zu Gott zurück, herangewachsen zur Gottähnlichkeit, Söhne und Töchter Gottes, des Lichtes. Jedes »Fenster« des Hauses ist eines der heiligen Chakras, die durch viele kleinere Einweihungen erweckt und zum Leuchten gebracht werden, bis sie schließlich durch die großen Einweihungen, durch geistige Erfahrung und geistige Erleuchtung die volle Kraft und volle Ausstrahlung erlangen.

Viele unserer irdischen Freunde, besonders jene, die »das Licht gesehen haben«, sind von Feuereifer erfüllt und voller Enthusiasmus, sie sind so eifrig auf Fortschritt bedacht, daß sie »die Pforten des Himmels erstürmen« wollen. Doch die übermäßig Eiligen stoßen gegen ein unsichtbares, doch scharfes Hindernis, welches das eifrige Herz zur Pause zwingt. Auf dem Pfad geistiger Erleuchtung kann es kein Vorwärtsstürmen geben. Die Lektionen, die jede Ebene des menschlichen Wesens betreffen, müssen sorgfältig gelernt werden. In astrologischen Begriffen können diese Lektionen als solche des Erd-, Luft-, Feuer- und Wasser-Elementes bezeichnet werden. Ihr könnt nicht erwarten, diese Elemente innerhalb einer kurzen Inkarnation erobern oder meistern zu können; daher bricht die Seele in jeder Inkarnation zu einem neuen Versuch auf. Ihrem jeweiligen Bedürfnis entsprechend sind die Erd-, Feuer-, Luft- oder Wasser-Aspekte des Lebens betont, damit die Seele durch die Lektionen dieses bestimmten Elementes Kraft und Erfahrungen sammeln kann.

Im physischen Körper ist die Zeit euer Meister, ein oft schwieriger Meister, doch Zeit ist auch ein großer Lehrer, und vielleicht lernt ihr die Weisheit von »Vater Zeit« gerade jetzt. Saturn, der gelegentlich als »Vater Zeit« dargestellt wird, ist streng mit seinen Schülern und duldet keine eiligen Lektionen, keine hastigen Aufgaben oder oberflächlichen Werke. Er besteht auf der rechten Zeitdauer, die jede Lektion erfordert. Jene, die durch »unliebsame« Lektionen eilen möchten, sollten sich dieses ehrwürdigen, gütigen und weisen Lehrers erinnern.

Erfolgt eine Einweihung, so bedeutet das nicht nur eine große Ausdehnung des Bewußtseins, sondern auch ein Anwachsen der Kraft – und Kraft kann zerstörerisch sein. Der Mißbrauch von Kraft vermag eine Seele auf dem Pfad zurückzuwerfen. Die Bibel berichtet von Luzifer, der zum himmlischen Licht wurde, nachdem er große Kräfte erlangt hatte, doch er wurde hinabgestürzt aufgrund seines Machtmißbrauches. Wir wissen, daß für Luzifers Sturz mehr als eine Interpretation möglich ist, doch wir nehmen diese Geschichte, um die Möglichkeiten der Seele zu beleuchten, durch Machterwerb ohne die dazugehörige Weisheit und Liebe den tiefen Absturz zu riskieren.

Darin sehen wir die Weisheit Gottes, denn wenn eine Seele voranprescht, muß sie gegen dieses scharfe Instrument stoßen und zurückgedrängt werden. Es ist weitaus besser, sich einfach, langsam und natürlich fortzuentwickeln. Versucht niemals, geistigen Fortschritt zu beschleunigen oder zu erzwingen.

Auf dem Pfad geistiger Entwicklung müssen wir drei bestimmte Pfade erkennen, die parallel verlaufen und sich dennoch überschneiden. An erster Stelle steht die Übung und Vorbereitung des physischen Körpers, als nächstes kommt die Übung und Vorbereitung der Seele und schließlich die Schulung und Erweckung des Geistes. Einmal auf dem Pfad am Punkt der Einweihung angelangt, werden wir vorbereitende Prüfungen für diese Einweihung auf jeder der Ebenen finden – der des Körpers, der Seele und des Geistes. Wir empfehlen stets Mäßigkeit und sanfte Entwicklung, doch wir müssen bei unserer Übung für die Einweihung unbedingt einige Wahrheiten erkennen.

Auf der seelischen Schwingungsebene treffen wir auf die erste und vielleicht schwierigste Prüfung – jene der *Leidenschaftslosigkeit.* Die Seele ist von Natur aus emotional, sie gerät leicht in Aufruhr und reagiert auf Kleinigkeiten ungehalten und verletzt. Leidenschaftslos zu werden ist unserer Meinung nach eine der wichtigsten Lektionen, diese Feststellung kann durchaus öfters wiederholt werden. Die Seele muß lernen, ihr Gleichgewicht zu behalten und nicht ungerechtfertigt aufzubrausen. Laßt euch nicht in Rage versetzen, weil euch etwas nicht gefällt oder weil jemand euch verletzt hat, gebt der Depression keinen Raum, sondern bemüht euch, eine gleichmäßige und ruhige Schwingung zu erreichen und aufrechtzuerhalten.

Viele weitere subtile Lektionen kommen auf die Anwärter auf dem Pfad zu, um sie zu prüfen und zu versuchen. Wir werden auf Angst geprüft. Wir werden außerdem auf unsere Urteilskraft geprüft, und so viele von uns stürzen über dieses Hindernis. Wir vermögen das Falsche nicht vom Richtigen zu unterscheiden. Wir vermögen nicht, zwischen Gut und Böse zu unterscheiden. Wir verstehen nicht einmal, was Gutes und Böses ist. Doch diese Lektionen müssen erlernt werden. Stoßt ihr auf eine bestimmte Erfahrung, vor der ihr am liebsten flüchten oder sie ändern möchtet, ist die Lektion schwer zu ertragen, so durchlebt sie in geduldiger und fester Geisteshaltung, im Wissen, daß durch diese Erfahrung Weisheit in eurem Herzen wächst, und ihr außerdem den Weg für künftiges Wachstum ebnet, indem ihr eine alte Schuld abzahlt. Mehr noch, euch wird Gelegenheit gegeben, die Lektion der Leidenschaftslosigkeit zu erlernen. Wie schwer diese menschliche Erfahrung auch sein mag, es wird sich lohnen.

Ein anderer Punkt von größter Wichtigkeit auf dem geistigen Weg ist der Aspekt geistigen Hochmuts. Wie oft betonte der Meister Jesus diese Lektion gegenüber seinen kirchlichen Würdenträgern, indem er wieder und wieder die Heuchelei der Pharisäer offenlegte. Jede Seele muß mit dieser Lektion konfrontiert werden, und sie taucht in vielfältigen Formen auf. Die Seele, die auf dem geistigen Weg fortschreitet, kann von ihrem eigenen geistigen Fortschritt und ihrer Kraft eingenommen sein. War sie dereinst aus dem reinen Wunsch, der Menschheit zu dienen, aufgebrochen, empfindet sie möglicherweise nach einem gewissen Vorwärtskommen auf dem Pfad, sie sei ein guter Mensch und leiste großartige Arbeit. Achtet darauf, wie dies durch andere noch verstärkt wird, welche jenen Menschen mit Bewunderung überhäufen und sagen: »Wie wundervoll du bist!« Der Empfänger solch unklugen Lobes beginnt zu denken: »Ja, ich gebe vieles auf...«. Solche oder ähnliche Gedanken schleichen sich ein. Dann kommt die Probe, die Seele muß sich einer unerwarteten Prüfung ihrer geistigen Treue und Aufrichtigkeit sowie ihrer geistigen Demut unterziehen.

Nur wenn die Seele mit ihrer ganzen Kraft versucht hat, in die Fußstapfen von Christus zu treten, nur wenn der Geist dieses Mannes oder dieser Frau sich ehrlich bemüht hat, die liebevolle Demut von Christus widerzuspiegeln – allein dann kann sie sich niemals in Selbstverherrlichung verlieren. Sie weiß, daß sie weder groß noch wundervoll ist, daß sie aus sich selbst heraus weder heilen, lehren noch trösten könnte und erkennt, daß alles Gute, das sie durchflutet, von Christus, von Gott kommt. Diese Prüfung, ihr Lieben, ist die des Christus-Geistes, und wenn ihr wahrhaftig zu spüren vermögt, daß der sanfte, demütige Geist des Gottessohnes an eurer Seite wandert, eure Hand in der Seinen, so könnt ihr nicht fehlgehen.

In diesem Zusammenhang möchten wir auf den Wert der Meditation als Übung für die drei Ebenen hinweisen. Übertreibt es nicht, doch vernachlässigt die tägliche Meditation auch nicht. Versucht, eine Zeit für diesen Zweck freizuhalten, und seien es nur fünf Minuten morgens und abends. Tut euer Möglichstes, diesen täglichen Kontakt mit der ewigen Quelle des Lichtes und der Wahrheit nicht abreißen zu lassen, denn die tägliche Meditation wird euch auf mehreren Ebenen helfen: Sie wird den *Körper* in Selbstkontrolle üben, indem euer Geist ihn zu tun veranlaßt, was er wünscht, anstatt ihn seine eigenen Bedürfnisse verfolgen zu lassen; sie wird den *Verstand* trainieren und lenken und dabei helfen, Körper, Verstand und Emotionen der führenden Kraft des Geistes unterzuordnen.

Wie wir bereits erwähnten, sind die großen Einweihungen für die Menschheit den vier Elementen zugeordnet – Erde, Luft, Feuer und Wasser. *) Dies ist eine Erklärung (obwohl nicht die einzige) für das uralte Symbol des Kreuzes innerhalb des Kreises. Die Völker der verlorenen Kontinente hielten dieses Symbol in Ehren, denn sie achteten und verehrten die Engel der vier Elemente, die es repräsentiert.

Begegnet die Seele des Menschen diesen Einweihungen, muß sie jede Prüfung des Feuers, der Erde, der Luft und des Wassers meistern. Die Seele muß zur Vereinigung, zur Kommunion und Bruderschaft mit allen Lebensformen dieser Strahlen gelangen – mit all den Elementar- und Naturgeistern, den Engeln und Devas, die diese vier Elemente beherrschen. Im Verlauf seines Erdenlebens beginnt der Mensch auf ganz bescheidene Weise, diese Elemente innerhalb seines eigenen Charakters, innerhalb seines eigenen Lebens beherrschen zu lernen und die Herrschaft darüber zu erlangen. Während er das vollbringt, gewinnt er die Mitarbeit der Naturgeister und lernt, in Einklang mit ihnen zu leben. Betrachtet ihr die Wunder und Gleich-

---

*) Vgl. White Eagle, »Die vier großen Einweihungen« Grafing 1988

nisse Jesu, so zeigen sie seine Meisterschaft über die Geister jener Elemente und sein Zusammenwirken mit ihnen. Der ältere Bruder steht ihnen nicht feindselig gegenüber, sondern sucht ihre Kooperation in Liebe und Weisheit, in Brüderlichkeit und durch Meisterung dieser Elemente in sich selbst.

Die Lektion des Luft-Elementes besteht in Bruderschaft. In dieser Lektion entdecken die Menschen, daß es nicht genügt, für sich selbst zu leben, sondern daß sich ihre Menschlichkeit erweitern muß, um alles Leben zu berühren. Sie müssen daran arbeiten, in Harmonie mit allem Leben zu schwingen, nicht nur mit dem menschlichen Leben, sondern darüberhinaus mit den Luftgeistern, den Sylphen und den großen Engeln der Luft, welche die Luftströmungen, die Stürme und Winde beherrschen und bei bestimmten Anlässen mit den Undinen und Wassergeistern zusammenarbeiten. Die Seelen, welche die Lektion des Luft-Elements erlernen, müssen außerdem den machtvollen menschlichen Verstand zu meistern lernen, seine Überheblichkeit brechen, ihn der Kontrolle des Geistes übergeben und ihn Bescheidenheit lehren. Der wahrhaft große und weise Mensch ist tolerant, einfach und demütig.

Die Lektion des Feuer-Elements ist jene der Liebe. Liebe ist das magische Feuer, die große Lebenskraft. Innerhalb dieses Elements liegt Magie (wir werden nicht zwischen schwarzer und weißer Magie differenzieren, denn beide sind gleich, der Unterschied besteht in der Art, auf welche die magische Kraft eingesetzt wird). Liebe selbst ist magisch, selbst in ihrer schlichtesten menschlichen Form. Die wirklich liebende Seele strahlt einen bestimmten Magnetismus durch ihre Liebe aus. Man sagt: »So-und-so hat irgendetwas an sich; ich fühle mich zu ihm hingezogen.« Diese magische Kraft ist eigentlich die Liebe, das Feuer-Element. Wer die Lektion des Feuer-Elements durchlebt, muß den Umgang mit der weiß-magischen Kraft der Liebe lernen.

Liebe ist eine kreative Kraft. Dennoch besitzt sie solch eine Macht, daß sie auch destruktiv sein kann, wenn sie nicht mit Weisheit verbunden ist. Liebe und Weisheit müssen Hand in Hand gehen, denn unbeherrschte Emotion (was keine echte Liebe ist) kann verletzend und zerstörerisch sein. Seelen mit einem starken Feuer-Aspekt müssen sich bewußt sein, daß all die Feuergeister, vom Salamander bis hin zu den großen »Herren des Feuers«, in ihren Umkreis eindringen. Die Salamander, jenes kleine, feurige Völkchen, wird für euch arbeiten und euch helfen, schnell ein Feuer zu entfachen. Solltet ihr sie jedoch angreifen, könnten sie bewirken, daß ihr euch die Finger verbrennt, und falls ihr einen schwerwiegenden Angriff gegen sie richtet, vermögen sie Schlimmeres anzurichten, als nur die Finger zu verbrennen!

Wasser lehrt die Lektion des Friedens. Ein wundervolles Element, ein wundervoller Einfluß! (Denkt jedoch nicht, irgendein Element sei *besser* als ein anderes. Erinnert euch an das Kreuz innerhalb des Kreises, alle Elemente haben einen genau gleichwertigen Rang im großen Plan der Menschheitsentwicklung und im großen Plan der Schöpfung.)

Der Einfluß des Wasseraspekts betrifft hauptsächlich die Seele, die Astralebene, die Psyche und die psychischen Dinge. Der Anwärter, der mit dem Wasser-Element arbeitet, muß lernen, die astralen Formen zu beherrschen, die Gefühle und Begierden des Astralkörpers. Diese Begierden können tatsächlich quälend sein, und der Gefühls- und Wunschkörper wird viele Forderungen an euch stellen. Ihr müßt lernen, diese Elemente *in euch selbst* zu beherrschen, ehe ihr zum nächsten Schritt übergeht, die astralen Kräfte und das Astralleben zu kontrollieren.

Die Lektion der Erd-Einweihung besteht letztlich im Dienst und der Aufopferung. Jener, der auf dem Pfad der Erd-Einweihung schreitet, lernt, das Licht – die göttliche Magie – direkt aus den geistigen Höhen in vollkommene Handlungen umzusetzen und ihm auf Erden vollkommenen Ausdruck zu verleihen. Die Seele beginnt zu begreifen, daß schließlich alles an erlernter geistiger Wahrheit sowie alles Erreichte überwunden und in Form liebevollen, demütigen Dienens auf Erden zurückgegeben werden muß. Das zentrale Thema des Elements ist die Demut.

Die Lektion der Erde lehrt die Seele, mit Exaktheit und Präzision zu arbeiten, um den groben Klotz seines Wesens zu vervollkommnen.

Um Meisterschaft zu erlangen, muß der Geist des Menschen alle niederen Lebensebenen meistern. Er muß Meister seines physischen, emotionalen und mentalen Körpers werden. Über die niederen Instrumente muß er Befehlsgewalt erlangen, wie ein Kapitän, der sein Schiff befehligt. Ist ein gewisses Maß an Kontrolle erreicht, sind die irdischen Prüfungen sicher bestanden, so kommt die Zeit, da der Mensch zur großen Halle der Einweihung berufen wird (und niemand, der bereit für die Einweihung in die Erkenntnis des Großen Lichtes ist, wird übersehen). Die Seele wird von ihrem Führer über viele verschlungene Wege und dunkle Pfade geführt – das ist es, was ihr nun auf Erden durchlebt, wenn ihr nicht wißt, wohin euer Weg führt, und was euch hinter der nächsten Ecke erwarten wird. Euer menschliches Leben ist wirklich wie eine Durchreise, bei dem das Wesen, der Mensch, von seinem Führer über viele Inkarnationen hinweg geführt wird, bis es schließlich an einem herrlichen und wunderbaren Ort ankommt und zu einem Altar des Lichtes geführt wird, der so blendend erstrahlt, daß die Augen verdeckt werden müssen. Doch am Schluß der großen Zeremonie öffnen sich die Augen, um den strahlenden Stern zu betrachten, den Stern aus sechs äußeren und einer zentralen Spitze, insgesamt sieben. Dieser siebenstrahlige Stern entspricht den sieben großen Strahlen des Lebens, den sieben Strahlen, die von den sieben Engeln um den Thron Gottes ausgehen. Auf seiner langen, langen Reise hat der Mensch ebenfalls geübt, gelernt und zuletzt die Kraft erlangt, aus jedem der sieben heiligen Zentren seines eigenen Körpers das Licht auszustrahlen und die sieben heiligen planetarischen Kräfte anzuziehen, die durch die Tierkreiszeichen wirken. Der vervollkommnete Mensch *sieht* nicht nur diesen leuchtenden Stern bei seiner Einweihung, sondern erkennt im Moment höchster Erleuchtung, daß er selbst dieser Stern ist.

»Zum großen weißen Geist wenden wir unsere Gesichter und empfangen in unseren Seelen seine Liebe, seine Weisheit und seine Macht … wir lobpreisen ihn und danken ihm. Mögen wir immer würdiger werden, in seinem Licht zu wandeln.«

Amen.

VI.

DIE WIEDERKUNFT CHRISTI

»Großer weißer Geist, wir neigen uns im Gebet vor Deiner Herrlichkeit. Mögest Du die Arbeit an der Erleuchtung der Menschheit segnen. Mögen alle Herzen zueinander finden im Geiste der Liebe. Mögen alle Menschen im Herzen und im Geiste Erleuchtung empfangen und sich der Vielfalt geistiger Wesen bewußt werden – der Engel und der Menschen, mit denen sie leben, ohne es zu wissen – sowie der himmlischen Gegenwart unseres Herrn und Königs, des Sohnes Christus.«

Amen.

Ihr habt viele Male von der großen Entwicklung gehört, die sich auf Erden vollzieht. Das Leben wird harmonisch und wunderschön sein, und Männer und Frauen werden in geistiger Bruderschaft zusammenleben. Doch manchmal seid ihr von dem, was ihr seht, entmutigt; ihr schaut auf die Leiden der Menschheit und habt tatsächlich den Eindruck, eine weitere Kreuzigung Christi zu betrachten. Ihr dürft euch davon nicht bedrücken lassen, liebe Geschwister, schaut stattdessen hinauf und bemüht euch, die unermeßliche Schar strahlender Geistwesen – Menschen und Engel – wahrzunehmen, deren Licht allmählich die Nebel, welche die Erde umhüllen, durchdringen. Jene unglücklichen Umstände, die euch so sehr belasten, werden vorübergehen. Bedenkt, daß ihr in der

Materie eine Aufgabe erfüllt, und der Tag wird kommen, an dem ihr von Freude und Dankbarkeit erfüllt sein werdet über die Ausarbeitung des göttlichen Plans. Denn entweder akzeptiert ihr die Allmacht und Allwissenheit des großen Geistes, der großen Intelligenz, welche das menschliche Leben führt und lenkt, oder ihr leugnet sie und weist sie zurück. Zuviel ist in eurem eigenen Leben geschehen, als daß ihr die übergeordnete, liebende und weise Intelligenz, die euer Schicksal lenkt, ernsthaft leugnen könntet. Daher solltet ihr dieser Weisheit und Liebe alles überlassen und dürft nicht zweifeln. Sagt: »Wir hinterfragen nicht Gottes Liebe und Weisheit, wir zweifeln nur an der *menschlichen* Weisheit, die gelegentlich nicht vorhanden zu sein scheint.« Nichtsdestoweniger müßt ihr Gottes Schöpfungsplan als vollkommen begreifen, wenn ihr die Allmacht und Allwissenheit des göttlichen Geistes akzeptiert, und erkennen, daß allen Geschöpfen Gottes der Samen einer vollkommenen Blüte innewohnt.

Wir müssen alle zusammenarbeiten, ihr im Körper und wir im Geiste, um dem Menschen das zu geben, was er für seine Erhaltung und sein Wachstum benötigt. In der Welt ist es üblich, einander zu kritisieren; es ist einfach, die Fehler anderer zu sehen. Doch der Meister Jesus möchte, daß ihr stattdessen eure Aufmerksamkeit auf eure eigenen Taten und Gedanken richtet, er weist euch behutsam darauf hin, nach innen zu schauen, bevor ihr andere beschuldigt. Seid streng mit euch selbst, doch voller Mitgefühl für andere. Das ist nicht leicht, jedoch hilft entweder ein jeder eurer Gedanken und Handlungen dem Rest der Schöpfung oder er verzögert die Fortentwicklung. Ihr werdet ausrufen: »Oh, meine trivialen Gedanken und Taten werden vom Ganzen aufgenommen und können, wenn überhaupt, nicht viel Einfluß auf das Leben haben.« Die alten Weisen lehrten ihre Schüler immer, daß alles vom individuellen Gedanken, von der individuellen menschlichen Anstrengung abhängt, und jede individuelle Seele für den Fortschritt oder Rückschritt des materiellen Lebens verantwortlich ist.

In vergangenen Zeitaltern hat die Menschheit die Tiefen der Materie berührt und ist in ihr eingeschlossen worden, wie in einer eisernen Truhe. Nun wird sie allmählich freigelassen. Bedenkt auch, meine Geschwister, daß für viele Menschen der irdische Verstand wie ein eiserner Kasten ist, aus dem sie nicht auszubrechen vermögen. Nun aber beginnt sich der Mensch langsam aber sicher aus der Knechtschaft zu befreien. Der Mensch *muß* sich befreien; und der Schlüssel zu dieser Befreiung ist das Licht, das Gott seinem Herzen eingepflanzt hat.

Ihr freut euch auf die Wiederkunft Christi, denn es ist so klar gesagt worden, daß Christus wiederkommen wird. Bei vielen Gelegenheiten habt ihr uns deutlich sagen hören, daß diese Wiederkunft im Herzen jedes Mannes und jeder Frau geschehen wird. Es wird das Erwachen des Lichtes sein. Wenn dieses Licht hell in der menschlichen Seele erstrahlt, wird es eine Reinigung der Materie, des physischen Körpers und der Erde bewirken, eine Beherrschung des emotionalen Körpers, des Wunschkörpers, und als vielleicht noch größere Aufgabe, die Beherrschung des Mentalkörpers. Dem wird die Geburt des göttlichen Menschen, des Christus-Menschen folgen. Der Mond repräsentiert die Seele, die Sonne repräsentiert den Geist. Und bevor der Mensch Meisterschaft über diese Erde erlangt, muß sich die Hochzeit oder die vollkommene Einheit zwischen dem mentalen und dem geistigen Körper vollziehen. Das ist der Unterschied zwischen dem irdischen und dem himmlischen Menschen.

Wir haben bereits über die Einweihungen der Elemente gesprochen: die Wasser-Einweihung beinhaltet die Kontrolle über den Gefühlskörper und dessen Reinigung; die Luft-Einweihung bezieht sich auf die Beherrschung und Reinigung des Mentalkörpers und seine Meisterung; die Feuer-Einweihung lehrt die Seele, die weiße Magie der Liebe zu benutzen; die Erd-Einweihung bedeutet Beherrschung des Körpers und Kreuzigung der niederen Natur. Erinnert euch, eine Einweihung stellt eine Entfaltung oder Erweiterung des Verständnisses dar, eine Ausdehnung geistiger Bewußtheit – doch diese Einweihung wird nicht notwendigerweise mittels eines okkulten oder religiösen Zeremoniells vollzogen. In eurem täglichen Leben gibt es zahlreiche Gelegenheiten, wenn ihr aus dem einen oder anderen Grund eine Bewußtseinserweiterung erlebt. Ihr mögt beispielsweise einige Fragen haben, die euch verwirren, und auf die ihr keine Antwort findet. Vielleicht habt ihr darüber nachgedacht oder meditiert, geht in einen Buchladen oder eine Bücherei und habt aufs Geratewohl ein Buch ausgesucht, oder möglicherweise leiht euch ein Freund zufällig ein Buch, und als Ergebnis dieser Buchlektüre oder sogar durch ein unerwartetes Gespräch kommt euch eine Idee als Gedankenblitz. Nachdem ihr zunächst verwirrt seid, wird es euch vorkommen, als durchflute plötzlich ein starkes Licht euren Verstand. Als Ergebnis dieses Lichtes, das euren Geist durchdringt, eröffnet sich euch eine vollständig neue Perspektive. Mit anderen Worten: ihr habt eine Erweiterung der Sichtweise, eine Bewußtseinserweiterung erlebt.

Und nochmals – eine Bewußtseinserweiterung kann mit einem bestimmten Ergebnis materieller Natur einhergehen, das eine sehr große Veränderung in euer Leben bringt. Ihr mögt intensive Freude oder großen Schmerz erleben, die euch als Erfahrung ein umfassendes und tieferes Verständnis des Lebens vermittelt. Das meinen wir mit einer Einweihung, die das tägliche Leben hervorbringt.

Andererseits gibt es gewisse Einweihungen, die mit geistiger Arbeit verbunden sind, bestimmte Zeremonien, denen man sich unterzieht, wie beispielsweise die Einweihung in eine Freimaurerloge oder in eine andere Loge, die geistige Wahrheiten lehrt. Dann geschieht wieder etwas mit eurer Seele, gewisse geistige Kräfte wirken ein, welche dazu beitragen, die geistigen Lebensenergien in eurem Seelenkörper zu beschleunigen. Dies wiederum vermag eine blitzartige Erleuchtung, eine Bewußtseinserweiterung hervorzurufen.

Versteht jedoch, daß ihr selbst in eurem täglichen Leben *arbeiten* müßt, es sind eure Reaktionen auf die physische Materie und die Lebensbedingungen, die eigentlich die Einstimmung und Vollendung bedingen. Es ist nutzlos, White Eagle oder irgend jemand anders zu lauschen, wenn ihr nicht selbst nach Selbstbeherrschung strebt. Am Anfang dieser Arbeit steht eure Aufmerksamkeit für die kleine, leise Stimme im Inneren und für das allmählich anwachsende Licht in euch, das euch veranlaßt, als liebevoller Mitmensch auf alle Lebensbedingungen und Lebensumstände zu reagieren.

Der Weg zur Änderung eurer Sichtweise und zur Erweckung des Bewußtseins ist die Meditation. Mit Meditation meinen wir, unterhalb der Gedanken zur Ebene des geistigen Lebens vorzudringen und sich des Lichtes und der Kraft in euch bewußt zu werden, welche die alten Weisen als Sonnenkraft bezeichneten. Diese Sonnenkraft ist heilig und darf nur angeregt werden, wenn das Individuum ernsthaft nach der Wahrheit und dem Leben Christi strebt, jedoch nicht aus selbstsüchtigen Motiven oder um Neugierde zu befriedigen. In den Tempeln der Vergangenheit, den Mysterienschulen, wurde dieses Wissen sorgsam gehütet. Immer noch wird es von den Massen ferngehalten. Doch im neuen Wassermann-Zeitalter wird dieses Wissen, obwohl immer noch heilig und geheim, aufrichtigen Suchern vermittelt, die in ihrem Herzen demütig und rein sind. Dieser Entwicklungsprozeß beginnt mit Gebet und Meditation. Wie bereits erklärt, beinhaltet Meditation ruhiges, rhythmisches Atmen, eine Beruhigung des äußeren Verstandes, das Betreten des inneren Tempels und dort die Suche nach dem »Herrn des Lichtes«. Dieser Vorgang betrifft den ganzen Körper.

Um sich den unsichtbaren Welten zu nähern, muß der Mensch eine reine Liebe im Herzen behalten, zuerst für seine Mitmenschen und dann für die gesamte Schöpfung. Er soll die Elementarwesen lieben, denn sie spielen eine sehr wichtige Rolle und helfen dem Anwärter oder Meister in seiner Arbeit für die Menschheit. Gegenwärtig herrscht Krieg zwischen dem Menschen und den Elementarwesen, doch wenn sich der

Mensch weiterentwickelt, muß Frieden zwischen den beiden stattfinden. Wir meinen damit keine Hochzeit im menschlichen, sondern im himmlischen Sinne. Es muß diese Freundschaft, diese Harmonie zwischen dem Menschen und den Elementarwesen geben.

Ihr findet eine Offenbarung dieser lebenswichtigen Wahrheit in den Wundern des Meisters Jesus. Hierbei denken wir insbesondere an das Wunder Jesu, über das Wasser zu wandeln und das Wunder, den Sturm zu besänftigen. Dies hat zugegebenermaßen mehr als nur eine Bedeutung, doch laßt uns gegenwärtig sagen, daß auf dem Wasser zu wandeln, die vollkommene Herrschaft über das Wasser-Element, die Emotionen, symbolisiert – denn das Wasser-Element betrifft die Emotionen. Jesus ging nicht unter. Seine Brüder, die Wassergeister, halfen ihm, und er wiederum vermochte seinem Jünger, der voller Glauben und Vertrauen an seinem Meister festhielt, beizustehen. Das gleiche geschah, als er den Sturm besänftigte. Die Luftgeister, die Sylphen, kamen ihm zur Hilfe und gehorchten seinem Befehl. Um wahre Meisterschaft über die Elemente der Erde, der Luft, des Feuers und des Wassers zu erlangen, muß der Mensch wie der Sohn Gottes werden, voller Liebe, voller Zärtlichkeit und dadurch von der solaren Kraft erfüllt. Er muß den Respekt und die Liebe dieser Elementarwesen gewinnen.

Verliert nicht aus den Augen, daß der Sinn eures Lebens im Wachstum besteht – zunächst des Selbstbewußtseins und dann des Gruppenbewußtseins, eines Bewußtseins der Bruderschaft allen Lebens. Mitunter drückt sich in der Meditation die tiefe Freude über die Erkenntnis dieser geistigen Bruderschaft aus – dies stellt natürlich die wahre geistige Kommunion dar, ebenso wie die Seelenentwicklung hin zum Gewahrsein der Bedürfnisse der Umgebung. Im gleichen Maße, wie das Individuum fortschreitet, nähert sich die gesamte Menschenrasse diesem Punkt der Bruderschaft und des Gewahrseins. Dann wird statt andauernden Krieges und Streitigkeiten, die Bruderschaft zwischen Engeln und Menschen zur lebendigen Wirklichkeit geworden sein.

Heutzutage scheint eine solche Einstellung unvorstellbar. Trotzdem wiederholen wir, daß die nächste Stufe zum Selbst-Bewußtsein den Zustand beinhaltet, in dem der Mensch seiner wahren Beziehung zu seinen Mitmenschen gewahr wird; es wird noch eine weitere Ausdehnung hin zum Gottesbewußtsein oder kosmischen Bewußtsein geschehen, der nächste Schritt führt zum solaren Bewußtsein, dem Bewußtsein des solaren Logos. Dies vermittelt euch eine sehr weitreichende Vorschau. Doch lest unsere Worte und meditiert über diese Wahrheit, denn diese Version des zukünftigen Lebens gibt euch das Gefühl, daß euer gegenwärtiges Streben all das Leiden und die Anstrengung wert ist. Erinnert euch, wenn ihr auf die Stimme des Geistes lauscht, daß ihr Pioniere seid, die auf den großen Tag hinarbeiten, an dem das kosmische und solare Bewußtsein von allen Menschen verwirklicht sein wird. *Wisset,* daß die Welt nicht in ihrem gegenwärtigen Zustand des Chaos bleiben wird.

Wir möchten euch zum herrlichen himmlischen Fest der Offenbarung des solaren Logos, des Christus-Geistes, des Sohnes Gottes, erheben.*) Es fällt euch leicht,

---

*) Diese Worte wurden bei der Christusfeier gesprochen, bei Vollmond, mit der Sonne im Zeichen Zwillinge.

allzu zungenfertig über den Sohn Gottes und Christus zu reden. Ihr akzeptiert Christus als ein Ideal, manche von euch erkennen den Christus-Geist als sanftmütig, bescheiden und liebevoll, als etwas, das sich in vollständigem Einklang mit einem Teil eures Inneren befindet. Es gelingt euch nicht, die unvorstellbare Herrlichkeit dieses großen solaren Logos zu begreifen, aus dem das Leben aller Menschen, das Leben dieses Planeten und Sonnensystems besteht. Ihr Lieben, ihr versteht nicht, daß dieses Ausgießen goldenen Lichtes herabkommt und euch berühren kann, wenn ihr demütig und einfach genug seid und euer Herz zu öffnen vermögt.

Macht euch bewußt, daß sich diese solare Kraft in geringerem Maße in euch selbst befindet. Sie ist in euch, tief verschüttet und schlafend liegt sie da. Das ist auch besser so, bis sich der Mensch aus freiem Willen entschließt, die Wahrheit zu verehren, Gott und den Sohn Gottes anzubeten und zu lobpreisen, aufrichtig, aus den Tiefen seines Seins. Empfindet die Seele Bewunderung und Ehrfurcht für den solaren Logos, die strahlende Himmelssonne, den eingeborenen Sohn von Vater-Mutter-Gott, so verspürt sie eine innere Bewegung, wie eine Mutter, die die Lebendigkeit ihres Kindes fühlt. Daraufhin wird diese solare Kraft in eurem ätherischen Körper, eurem physischen Körper und all euren Körpern erwachen; jedes Zentrum wird lebendig und öffnet sich, wie sich eine Blume dem Sonnenlicht öffnet. Ihr werdet dann von der Erkenntnis eurer Bruderschaft mit euren Mitmenschen fortschreiten zur Erkenntnis eurer Versöhnung mit dem Christus, und ein neues Gottes-Bewußtsein wird in euren Herzen aufdämmern.

Ein Yogi ist jemand, der Gottes-Bewußtsein oder bewußte Vereinigung mit Gott erreicht hat, und es spielt keine Rolle, ob er gelbe, braune, schwarze, weiße oder rote Haut trägt. Auch ihr könnt diese Stufe des Gottes-Bewußtseins, der Einheit mit Gott, erlangen und von dieser Stufe weiterschreiten zum solaren Bewußtsein, ein Zustand jenseits eures Vorstellungsvermögens, und doch etwas, das euch in der Zukunft erwartet.

In alten Zeiten wurden Mysterienschulen gegründet, um den einfachen und ernsthaften Seelen zu helfen, die Geheimnisse des Lebens und des »Todes« zu begreifen. Sie lehrten sowohl die kleinen als auch die größeren Mysterien des Lebens. Um solches Wissen zu empfangen, mußte die Seele rein und schlicht sein, denn sonst hätte sich das Wissen um die Mysterien für sie als gefährlich erwiesen. Geistige Kräfte können mißbraucht werden, mit furchtbaren Folgen. Daher war es niemals leicht, in eine Mysterienschule einzutreten. Erst nach vielen Prüfungen wurde der Anwärter zugelassen und darin unterwiesen, dieses solare Feuer, die solare Kraft, zu stärken und zum Ruhme Gottes, zum Segen und zur Inspiration der Menschheit einzusetzen; nicht nur indem man sein Leben lebte, sondern durch die Arbeit für Vater-Mutter-Gott im Himmel.

Es gibt vieles zu lernen, meine Geschwister. Eine Welt sich entfaltender Schönheit wird sich für euch auftun, wenn ihr die Mühe auf euch nehmt, den Pfad zu beschreiten und euch durch Meditation, Gebet und Hingabe weiterzuentwickeln; nicht, indem ihr euch vom gewöhnlichen Leben zurückzieht, sondern indem ihr in der Welt als Sohn, als Tochter Gottes lebt.

Meditation wird euch durch alle Ebenen hindurch emporheben ins himmlische Licht, in die paradiesische Welt der vollkommenen Söhne und Töchter Gottes. *Kein Auge hat je gesehen und kein Ohr hat je vernommen, was Gott für jene bereitet hat, die Ihn lieben.* Dies ist der Pfad, meine Geschwister, welchen das Wassermann-Zeitalter eröffnet; Schönheit, Harmonie und Bruderschaft zwischen Himmel und Erde. Jakobs Leiter wird auf Erden errichtet sein, und jeder Sucher, dessen Sichtweise geschärft ist, wird die Engel »zwischen Himmel und Erden« kommen und gehen sehen. Ihr werdet selbst erfahren, daß wir die Wahrheit sprechen. Wir können euch keine Beweise liefern, doch der Beweis erwartet euch innerhalb eurer eigenen Evolution. Gebt euch nicht damit zufrieden, unseren Worten zu lauschen oder die Schriften der Eingeweihten, Mystiker und Weisen zu lesen. *Suchet die Wahrheit für euch selbst,* und ihr werdet gewiß das Juwel finden, einen Schatz von hohem Wert.

Gott segne euch. Möget ihr Gottes Segen empfangen – jetzt.

»Nun lasset uns alle zusammenkommen als ein Ganzes, um dem großen weißen Geist für die Enthüllung der Wahrheit über die geistige Kraft zu danken, die nun über die Menschheit kommt. Lasset uns beten, daß wir den Mut haben werden, für diese Wahrheit einzustehen und ihr Leben zu verleihen, indem wir dem Geist unseres Mitbruders dienen. Mögen wir vom Feuer göttlicher Liebe umhüllt sein, vom Christus-Geist – für immer in seinem Herzen geborgen.«

Amen.

VII.

DER MENSCH – IRDISCH UND GÖTTLICH

»Wir bringen euch die Liebe der geistigen Gemeinschaft, die uns begleitet...«

Wir haben für unsere Worte das Thema des Menschen, der sowohl irdisch als auch göttlich ist, gewählt. Möglicherweise denken einige von euch, daß die Menschheit über keinen sonderlich großen Anteil an Göttlichkeit verfüge, doch wir im Geiste schauen auf die Welt und sehen so viel Liebe in der Menschheit. Die Menschheit ist im Innersten sehr zart, und es wäre gut, wenn unsere irdischen Geschwister danach strebten, die Göttlichkeit in ihrem Mitbruder zu erkennen; denn der Mensch *ist* göttlich. Die Elemente der Göttlichkeit sind im physischen Körper ebenso vorhanden wie in der Seele des Menschen. Nehmt einmal die menschliche Gestalt: steht sie aufrecht, die Füße am Boden, der Kopf im Himmel, die Arme ausgebreitet, um zu dienen, zu geben, zu lieben – so haben wir die Form des Kreuzes. Der Würfel ist ebenfalls ein Symbol des inkarnierten Menschen, der schroffe Fels (in der Sprache der Freimaurer der grobe Holzklotz) muß geglättet und vervollkommnet werden, bevor er zum Bau des Tempels verwendet werden kann; und wenn der Würfel geöffnet wird, stellt er wiederum die Form des Kreuzes dar.

In alten Zeiten sahen die Menschen den menschlichen Körper als Symbol ihrer Studien des Universums. Sie lernten, daß im physischen Körper alle Elemente des Universums zu finden seien, und jeder Teil des physischen Körpers – Gehirn, Kehle, Herz, Kreislauf, Fortpflanzungsorgane, Hände, Füße und Zehen – eine Verbindung zu den Sternen und Planeten besaß, zum göttlichen Universum. So wurden die Menschen der Vorzeit angeleitet, den menschlichen Körper zu studieren, um die Geheimnisse des Universums zu ergründen. Die Worte »Mensch, erkenne dich selbst und du erkennst Gott und das Universum« schmückten das Portal der Tempel vergangener Zeiten, und jeder Anwärter mußte den Pfad der Selbsterkenntnis folgen und die Geheimnisse des physischen Körpers studieren. Denkt deshalb daran, auf den physischen Körper zu achten, denn er ist der Tempel Gottes, und reine göttliche Essenz pulsiert durch eure Adern. Der Körper ist das Gewand des Geistes, und der Geist, dessen Zentrum im Herzen des Menschen liegt, durchdringt jedes physische Atom.

Vielleicht möchtet ihr wissen, warum auf bestimmten Bildern des Meisters Jesus Lichtstrahlen gemalt sind, die von seinem Herzen ausgehen. Dies wird so dargestellt, weil das Herz das Heim, der Sitz des göttlichen Funkens ist, des wahren Selbst, des Christus-Selbst. Die beiden anderen Zentren, über welche die Priester alter Weisheit ihre Schüler unterrichteten, waren das Kopf-Zentrum (das Gehirn, der Intellekt) und das schöpferische Zentrum, das Geschlechts-Zentrum. Wird der Mensch von den niederen Zentren beherrscht, so ist er ein Materialist – er lebt für die körperlichen Freuden und für dieses eine Leben. Wenn er als Intellektueller von seinem Kopf-Zentrum regiert wird, so lebt er für die mentalen Dinge.

Doch ist er von seinem Herz-Zentrum gelenkt, dem Zentrum von Weisheit und Licht, dann ist er ein Eingeweihter. Das Herz-Zentrum, das Zentrum der Weisheit und Liebe, sollte die beiden anderen beherrschen und ausgleichen. Wäret ihr imstande, die Gestalt des wahren Eingeweihten in die uralte Weisheit hellsichtig wahrzunehmen, so würdet ihr eine Art Lichtkegel erblicken. Von der Spitze dieses Lichtkegels strömt Licht hinab in die Gestalt des Menschen und beherrscht den Verstand, das Gehirn und die niederen Zentren seines Wesens.

Mit jeder neuen Inkarnation wird euch Gelegenheit gegeben, das göttliche Licht in die physische Manifestation einzubringen. Ein jeder von euch ist ein Sohn oder eine Tochter Gottes. Nur ein Teil eures wahren Selbst offenbart sich durch euren physischen Körper, euer höheres Selbst ist von der physischen Materie entfernt, doch es ist noch mit eurer Persönlichkeit verbunden. Strebt ihr Wahrheit, Reinheit und Christlichkeit im weitesten Sinne des Wortes an, so bringt ihr das höhere Selbst, das göttliche Selbst vollständig zum Ausdruck. Der Sinn menschlicher Inkarnation besteht darin, das göttliche Leben, das Leben Gottes in der physischen Materie zu offenbaren. Der irdische Mensch muß letztendlich die Herrlichkeit Gottes verkörpern.

Es ist ein Denkfehler, zu glauben, mit dem Verlassen des physischen Körpers frei zu sein, um in das Paradies einzugehen oder augenblicklich alle geistigen Eigenschaften zu besitzen; denn wenn ihr den physischen Körper zurücklaßt, behaltet ihr doch einen sehr großen Anteil der irdischen Eigenschaften in eurer Seele. Ihr müßt lernen, diesen himmlischen Bewußtseinszustand zu erreichen, solange ihr noch hier in einem physischen Körper weilt. An der Entwicklung dieser geistigen Attribute müßt ihr während der Inkarnation arbeiten und sie zum Segen der Menschheit nutzen. Das ist eine höchst bedeutsame Periode in der Menschheitsgeschichte, und ihr seid Pioniere. Ihr seid aufgerufen, eine große Mission zu erfüllen. Wer immer ihr seid, ihr alle habt gleichermaßen die Möglichkeit, den göttlichen Aspekt des Lebens in der irdischen Manifestation zu verwirklichen.

Während sich jedes Individuum auf seinem eigenen einsamen Weg entfalten muß, wird es nie allein gelassen. Ein Paradoxon! Jeder von euch lebt separat, jeder von euch hat seine eigene besondere Entwicklungslinie und Einweihung. Ihr werdet zu einem gemeinsamen Leben, zur Bruderschaft geführt, durch die ihr zusammen mit den anderen dort Versammelten die Segnungen der vereinigten Kräfte empfangt und außerdem das Licht, welches durch die Gemeinschaft der Seelen angezogen wird. Früher oder später wird der Seele die ganze Gruppe bewußt gemacht. Bis zu dem Zeitpunkt scheint sie, zumindest in ihrer eigenen Wahrnehmung, allein unterwegs zu sein; dann kommt die Zeit, da sich das Individuum plötzlich seiner Gemeinschaft mit der *Gruppe* bewußt wird. Das ist von größter Wichtigkeit. Die Anziehung der Vielen zu dieser Gruppe wird gänzlich vom individuellen Karma bestimmt. Jene, aus denen sich die Gruppe zusammensetzt, treffen sich nicht nur einmal, sondern im Verlauf vieler Leben. Nun habt ihr von uns erfahren, daß viele von euch in einer Gruppe oder Bruderschaft ähnlich dieser zusammengewesen sind. Vielleicht habt ihr es vergessen, doch diese leise

Stimme, die ihr nach aufeinanderfolgenden Einweihungen zu hören vermögt, wird euch sagen: »Ja, ich erinnere mich, ich weiß; obwohl ich mich nicht genau erinnere, doch ich habe ein Gefühl.« Oh, wie wertvoll diese Gefühle sind! Die Engel helfen der menschlichen Entwicklung durch *Gefühl* ...

Deshalb sollte die Seele, welche sich auf eine Einweihung vorbereitet, die Bedürfnisse ihrer Geschwister erkennen und sich der Mitarbeit der Gruppenseele bewußt werden. Wenn die Einweihung dem Anwärter eine Bewußtseinserweiterung verleiht und ihn befähigt, seine spezielle Gruppe wahrzunehmen, lebt er nicht länger für sich selbst oder aus sich selbst heraus. Er begreift, daß jeder Gedanke und jede Tat nicht nur ihn allein betrifft, sondern (eventuell) alle seine Geschwister in der Gruppe inspiriert, ihnen hilft oder sie verletzt oder erniedrigt. Daraus erwächst eine große Verantwortung. Er ist gewissermaßen nicht länger frei. Zwar ist er niemals wirklich frei gewesen, doch er glaubte sich allein. Diese Freiheit besitzt er nicht länger, denn ihm ist bewußt, daß er keinen Mitbruder seiner Gruppe beleidigen kann, ohne daß die ganze Gruppe davon betroffen ist, einschließlich ihm selbst. Im Grunde genommen kann kein Mensch wirklich nur aus sich selbst oder für sich selbst handeln. Er mag sich auf seine Isolation berufen, doch es ist unmöglich, einen anderen zu verletzen, ohne das Selbst zu verletzen. Der Punkt, den wir euch klarmachen möchten, besteht in der Verantwortlichkeit der Seele, die nach der Einweihung in dieses Gruppenbewußtsein weitaus größer wird.

Die meisten von euch wissen ein wenig über jene, die wir unsere älteren Geschwister oder die Meister nennen. Vielleicht sind einige von euch in sehr engen Kontakt mit diesen herrlichen Wesen gebracht worden, so daß ihr wißt, wie wunderbar sie sind. Wie vermochten sie dieses Ausmaß geistiger Macht und Herrlichkeit zu erlangen? Durch das menschliche Leben auf Erden, durch Selbstdisziplin, Selbstkontrolle und den Dienst an ihren Mitbrüdern, indem sie dem inneren göttlichen Willen erlaubten, sich zu erheben und Besitz von ihrem Leben zu ergreifen. Sie segnen durch ihre Göttlichkeit, durch den innewohnenden Christus, der weithin in die Menschheit ausstrahlt.

Erinnert euch an den Sinn des Lebens – es geht nicht darum, von der Erde zu flüchten oder eure Zeit in Müßigkeit an einem schöneren Ort in der Gedankenwelt oder einer besseren Bewußtseinsebene zu vertrödeln, sondern vielmehr um die Vervollkommnung eurer Fähigkeit, den alltäglichen Forderungen des Lebens zu begegnen, indem ihr die Schönheit und Harmonie dieses himmlischen Zustands in die konkrete Manifestation einbringt und dadurch euren Mitmenschen den besten Dienst erweist. Es geht darum, das Gottesbewußtsein im Menschen zu der Vollkommenheit zu erweitern, die im Geiste unseres Vater-Mutter-Gottes vorhanden ist. Denn der Mensch wurde nach dem Ebenbild Gottes erschaffen, die Vorstellung des Vollkommenen gehört zur Dreieinigkeit, sie ist Teil Gottes. Und ihr, meine Brüder, meine Schwestern, *ihr* seid dieser vollkommene Entwurf des Kindes oder Sohnes Gottes, an dem Vater-Mutter-Gott im Denken festhalten. Meditiert darüber, über die drei heiligen Aspekte – Gott der Vater, Gott die Mutter und ihr als das Kind … das wahre Kind Gottes, Teil dieser Dreieinigkeit.

Strebt ihr täglich danach, euch auf das Unendliche einzustimmen, so werdet ihr das Kind Gottes entfalten, das Christuskind in eurem Herzen. Der Mensch benötigt dringend solch eine engere Beziehung zur Quelle allen Lebens, zu Vater-Mutter-Gott, und wenn das menschliche Leben auf Erden auf dem Verständnis dieser Beziehung zwischen Kind und Eltern, zwischen Mensch und Gott, gegründet ist, wird es kein Leiden mehr geben, keine Krankheiten, kein Chaos und keinen Krieg.

Wir möchten euch, meine lieben Geschwister, die Macht der euch innewohnenden Göttlichkeit begreiflich machen. Laßt euch vom weltlichen Leben nicht zu Boden drücken und überwältigen. Erhebe dich, mein Bruder, meine Schwester! Erhebt euch über die Bindungen der Erde! *Und das Licht scheint in die Dunkelheit, und die Dunkelheit begreift es nicht.* Hier ist die Dunkelheit des Menschen gemeint, der, eingebunden in die physische Materie, sich des inneren göttlichen Lichtes nicht bewußt ist.

Es gibt einen weiteren Aspekt von Licht und Dunkelheit, den wir euch gerne verständlich machen würden. In den alten Tempeln lernten wir, daß die rechte Seite des Körpers die leuchtende Hälfte sei. Sie besteht ganz aus Licht. Die linke Seite des Körpers ist dunkel. Doch das bedeutet nicht ganz das, was ihr nun vermuten mögt. Die Dunkelheit der linken Seite bezeichnet den unsichtbaren Aspekt des Menschen. Möglicherweise wißt ihr, daß ihr bei der Heilung mit eurer rechten Hand gebt – ein äußerliches Symbol. Ihr reicht die rechte Hand der Freundschaft und des guten Willens. Mit der linken Hand empfangt ihr, mit eurer negativen Seite, welche die unsichtbare Seite darstellt. Ihr nehmt aus dem Unsichtbaren mit eurer linken Seite auf, mit eurer rechten Seite tretet ihr in Kontakt zur materiellen Welt. Sowohl Licht als auch Dunkelheit gehören zusammen, sind eins. Dies ist ein weiteres Geheimnis – der vollkommene Ausgleich dieser beiden Aspekte des Lebens.

Ihr habt viele Male über den Tempel gelesen, der den menschlichen Körper symbolisiert, der Ort, in dem der göttliche Geist wohnt. Die beiden Säulen, welche das Leben stützen, bestehen aus dem Herzen, dem Zentrum von Liebe und Weisheit; und dem Verstand, dem Zentrum der Macht, der Energie und des Willens; und diese beiden werden vereint durch den Verbindungsstein des Bogens, den Christus-Geist.

Vergleichen wir die zwei Säulen im Tempel mit der Dualseele oder dem dualen Prinzip des Männlichen und des Weiblichen – mit Vater und Mutter, wenn ihr so wollt, als duale Aspekte Gottes. Wenn diese beiden vermählt werden, wenn diese wahrhafte Ausgewogenheit zwischen Herz und Verstand entsteht und wenn sich die vollkommene mystische Hochzeit vollzieht, so wird aus dieser Vereinigung das heilige Kind Gottes, Christus, geboren. Diese Worte möchten wir euch als weitere esoterische Interpretation der unbefleckten Empfängnis anbieten, die vollendete Verschmelzung von Intuition und den geistigen Eigenschaften der Mutter mit denen des Vaters, des Verstandes. In dieser vollkommenen Verbindung, dieser vollkommenen Hochzeit im innersten Wesen des Menschen, wird der vollkommene Sohn Gottes, der vollkommene Mensch, geboren.

Laßt uns das einmal genau auf die physische Ebene übertragen. Was finden wir in der heutigen Welt?

Chaos, Grausamkeit, Sorgen, furchtbares Leid. Und warum? Was hat diesen Zustand der Dinge hervorgebracht? Die Menschheit krankt seit Jahrhunderten am Mangel an Verständnis für das mütterliche Prinzip. Die Herrschaft – zunächst in körperlicher und dann in intellektueller oder verstandesmäßiger Hinsicht – hatte der Mann inne. Beide Aspekte besaßen gleichermaßen die Tendenz, das göttliche Mutter-Prinzip, Weisheit und Liebe, einzusperren, wenn nicht gar zu erschlagen. Zukünftig muß und wird diese Erleuchtung kommen, diese Einweihung, diese Ausdehnung geistiger Bewußtheit. Ihr werdet erleben, wie dieser Mutter-Aspekt (weniger der Aspekt der Frau – wir beziehen uns auf göttliche Prinzipien), das göttliche Prinzip der Mutter langsam aber sicher Einfluß auf die Welt nimmt. Als Ergebnis wird es ein viel stärkeres Einströmen von Liebe und Weisheit geben, einen Ausgleich zum Aspekt der Macht, der für sich allein Zerstörung verursacht.

Nähert sich das Prinzip der Mutter dem wahrhaften Einklang mit dem Vater-Prinzip (dem höheren, göttlichen Verstand), wird eine Rückkehr zur Gesundheit, zur Harmonie und Lebensfreude stattfinden. An dieser Stelle möchten wir, auch ohne sehr speziell auf die männlichen und weiblichen Aspekte der Menschheit eingehen zu wollen, einmal sehr ernsthaft besonders zu den Frauen sprechen, denn sie sind es, welche die ihnen aufgetragene Inkarnationsaufgabe verzögern. Dabei beziehen wir uns nicht hauptsächlich auf Mutterschaft und Kindererziehung; eine Frau sollte vielmehr Mutter der gesamten Menschheitsrasse sein.

Würde jede Frau innehalten und ihre wahre Aufgabe ins Auge fassen, die darin besteht, göttliche

Mutterschaft durch Liebe, Sanftmut und Weisheit, die Eigenschaften der göttlichen Mutter, in der Welt auszudrücken, und würde der Mann seine Möglichkeit erkennen, göttliche Vaterschaft auszudrücken – nicht durch Macht und Herrschaft, sondern indem er mit göttlicher Energie und Willenskraft der Entwicklung aller Wesen dient – dann wird diese wahre Harmonie zwischen den beiden Kräften entstehen, welche die Menschheit erheben wird. Das Gehirn des Mannes muß genutzt werden, nicht um ihm Macht über seine Geschwister zu verleihen, sondern um in Einklang mit dem geistigen und physischen Gesetz zu arbeiten und edle und wertvolle Erfindungen zu machen, welche der Seelenentwicklung des Menschen förderlich sein werden. So vieles wartet nur darauf, sich zu offenbaren, wenn der Mann sich auf den göttlichen Gedanken einzustimmen vermag und zum Werkzeug des Geistes wird.

Wir haben mit der Symbolik des Kreuzes begonnen, dem Symbol des harmonischen Menschen, dessen Kopf den Himmel und dessen Füße die Erde berühren. Alles muß zu dieser perfekten Ausgewogenheit des Lebens streben, damit das Licht der Göttlichkeit in die Dunkelheit oder Unwissenheit des Menschen einstrahlen kann, welches das Leben erhellt und vollständige und vollkommene Erleuchtung bringt. Dann wird der Abschnitt seines Dienens auf Erden beendet sein, und der Mensch wird fortschreiten zu neuen und noch herrlicheren Erfahrungen. Jeder Schritt dieser Reise muß gemacht werden, es gibt keine Abkürzungen; und ihr, meine Geschwister, habt die Segnung des Wissens empfangen, diese Reise nicht allein zu unternehmen. An eurer Seite befindet sich euer geistiger Begleiter. Hand in Hand mit den Engeln oder mit eurem wahren Seelenbegleiter, wandelt ihr den Pfad von der Unwissenheit oder Dunkelheit des menschlichen Daseins in die Pracht und das Licht des göttlichen Lebens. Zweifelt nicht daran, einen solch hohen Bewußtseinszustand erlangen zu können. Er ist in euch, die Macht Gottes liegt in euch und erhebt euch zum höchsten Gipfel eures geistigen Lebens. Folget diesem inneren Licht. Seid gesegnet! Seid gesegnet!

VIII.

DER WEG EINES JÜNGERS

»Geschwister, wir öffnen unsere Herzen dem Einfluß der Liebe, des Friedens und der Macht unseres göttlichen Vaters; allem, was gut, rein und heilig ist, nützlich und heilsam. Oh, großer weißer Geist, wir sind Dir dankbar für unsere Lebenskraft und für die Freuden, die das Leben schenkt. Wir sind außerdem dankbar für seine Prüfungen, Versuchungen und für seine Sorgen, denn durch diese Erfahrungen wird unser Bewußtsein für die Herrlichkeit der himmlischen Welt geöffnet, für die Wohltat und Schönheit Deiner Liebe. Du kennst, oh Herr, die Bedürfnisse aller Deiner Kinder, die demütig darum beten, Deine Weisheit zu empfangen, welche Du ihnen gemäß Deiner Gesetze verkündigst. Mögen die Strahlen des großen weißen Lichtes, des Christus, diese Zusammenkunft segnen.«

Amen.

Liebe Geschwister (wir nennen euch Geschwister, weil ihr alle in der Liebe des großen weißen Geistes wohnt, in dem wir alle leben und unser Sein haben), liebe Geschwister, wir sprechen von der Welt des Geistes und wollen nicht nur euren Verstand, sondern eure Herzen erreichen, euren innersten Geist.

Manche von euch würden gerne mehr über die Bruderschaft des Lichtes erfahren, über die weiße Bruderschaft, einigen von euch auch als die Bruderschaft des Christus-Sternes bekannt. Diese Bruderschaft ist selbstverständlich nicht nur auf Christen begrenzt, wie ihr der Bedeutung des Wortes entnehmen könnt. Bruderschaften haben sich in allen Religionen und zu allen Zeiten manifestiert. Doch neben der großen Bruderschaft menschlicher Seelen möchten wir euer Denken auch auf die Bruderschaft allen Lebens lenken – bestehend aus Menschen, dem Tierreich, der Naturwelt, der geistigen Welt und dem Königreich der Engel. Denkt außerdem an all die Naturelemente, die jeweils mit einem Engel oder einem bestimmten diesem Element zugehörigen Naturwesen verbunden sind. Erinnert ihr euch an die Beziehung, die unser geliebter Franziskus von Assisi zu Bruder Luft, Schwester Wasser, Bruder Feuer und Bruder Sonne hatte, als seien sie für ihn Teil der einen großen Familie? Bruder Franziskus war selbst einer aus der großen Schar hochentwickelter Seelen, die vor unvordenklichen Zeiten zur Erde kamen, um der Menschheit zu helfen, sich ihres unendlichen, universalen Lebens bewußt zu werden.

Die Bruderschaft war niemals auf die orthodoxe Christenheit beschränkt, denn selbstverständlich leben alle Geschwister im Christuslicht.*) In diesem Sinne müssen alle Menschen christliche Geschwister sein, doch wenn ihr die Überlieferungen vergangener Kulturen studiert, so werdet ihr herausfinden, daß verschwiegene und geheime Bruderschaften in allen Ländern existierten – im Osten, im Westen, im Norden und im Süden – zu allen Zeiten. Sie wurden stets an entlegenen Orten gegründet, dort befolgten die Mitglieder ihrem Verständnis gemäß das Gesetz Got-

---

*) i. e. das individuelle göttliche Licht.

tes. Bevor ein Anwärter angenommen und in die innere Arbeit der Bruderschaft eingeweiht wurde, hatte er strenge Prüfungen und Versuchungen zu bestehen – Prüfungen alltäglicher Erfahrung und zudem Prüfungen der Wahrhaftigkeit seiner Gottesliebe, seiner Hingabe an die Bruderschaft, seiner Zielstrebigkeit und seiner Motive.

Der Grund, sich solchen Prüfungen zu unterziehen, lag für die Anwärter darin, sich der Nutzung gewisser innewohnender Kräfte bereit und fähig zu erweisen, die von der Einweihung verstärkt würden. Einweihung wurde daher als ein sehr ernster und wichtiger Schritt erachtet.

Auf diesem Pfad geistigen Dienens lauern Gefahren. Wir möchten niemanden verängstigen, sondern euch einzig und allein in Weisheit stärken. Versteht jedoch, daß der Mensch gewissen Gefahren begegnen wird, wenn sein inneres Auge geöffnet und innere Kräfte geweckt werden. Deswegen wurden die Bruderschaftsmitglieder alter Zeiten auf Mut, Weisheit, geistige Standhaftigkeit und physische Gesundheit geprüft. Sie mußten körperlich gesund leben. Die Brüder und Schwestern mußten lernen, sich selbst zu disziplinieren und die körperlichen Begehren und Instinkte zu beherrschen, durch Aufnahme reiner Nahrung, bewußtes Atmen in frischer Luft und durch tägliche Reinigung des Körpers in der lieblichen Schwester Wasser, sowie durch richtiges Denken. Sie mußten beweisen, daß sie alle Pflichten der Selbstdisziplin durchzuführen vermochten, die für ihren Dienst erforderlich waren. Wie ihr seht, war dies kein einfacher Weg.

Doch es ist nicht Gott, der den Menschen vom

Himmel fernhält, welcher im Herzen der Bruderschaft gefunden werden kann – es ist der Mensch selbst. In euch ist alle Notwendige vorhanden, um euch auf eurer Reise durch viele Leben aufwärts und vorwärts zur goldenen Welt Gottes zu führen. Wäre es allerdings einfach für den Menschen, das gelobte Land zu betreten, müßte er sich nicht disziplinieren und üben, dann würde er dessen Ausstrahlung niemals erkennen. Alle Schriften berichten von dieser symbolischen Geschichte des Wachstums und der Entfaltung der menschlichen Seele: der Aufbruch aus dem Land Ägypten, das Verlassen der vollen Fleischtöpfe oder die Versuchungen des Fleisches. Am Hofe des Pharaos wurde dem Körper und den Sinnen gehuldigt. Auf gewissen Entwicklungsstufen durchschreitet der Mensch diese weltliche Phase. Dann trifft ihn ein Ruf, und er findet einen Führer, wie es Moses für die Israeliten war, der ihm erklärt, wie man die negativen Lebensaspekte hinter sich lassen, sich erheben und seinem Meister ins versprochene Land zu folgen vermag. Auf diese Weise führte Moses die Kinder Israels – die Sklaven des Pharaos, beziehungsweise des physischen und materiellen Lebens, die nun nach »Isra«, der großen Sonne, suchten, auf der Flucht vor den ägyptischen Fesseln.

Wie ihr wißt, wanderten sie zunächst durch die Wüste und wurden sehr unzufrieden, weil sich alles als hart und schwierig erwies. Vergleicht dies mit eurer eigenen Erfahrung, ihr, die ihr den Ruf vernommen habt – und beachtet, daß auch ihr euch mit recht öder Arbeit befassen mußtet und euch an Aufgaben gekettet fühltet, die ihr nicht mochtet und eurer Wüste nicht entkommen konntet. Dann hörte Moses die

Stimme Gottes, bestieg den Berg (er wurde im Bewußtsein in einen Zustand geistiger Ekstase erhoben) und empfing von seinem Schöpfer Steintafeln, auf denen das Gesetz Gottes geschrieben war. Als er herunterstieg, hatte sein Volk ein goldenes Kalb aufgestellt und verehrte es (wiederum das Materielle). Er war so betroffen, daß er die Steintafeln zu Boden schleuderte, wobei sie zerbrachen. Erneut wurde er auf den Berg gerufen und empfing eine neue Form des Gesetzes. Dies deuten wir so, daß dem Menschen nur gegeben werden kann, was er zu der bestimmten Zeit zu verstehen und zu akzeptieren vermag. Er kann nicht mehr empfangen, als er zu verstehen fähig ist. Vielleicht bemerkt ihr, daß auch ihr jedesmal nur ein wenig erhaltet, und ihr mögt gelegentlich versucht sein zu denken: »Oh, das weiß ich alles! Nun möchte ich weiter zur nächsten Stufe.« Doch wie ihr seht, bekommt ihr keine neue Enthüllung, ehe ihr die einfachere Lehre nicht nur akzeptiert, sondern tief in euer Wesen aufgenommen habt. Ihr müßt sie sorgfältig in euch aufnehmen und leben. Es nützt nichts, Bücher zu lesen, es nützt nichts, Vorträgen zu lauschen. Ihr müßt es *spüren*. Erst wenn ihr durch den Dienst an eurem Mitbruder wirklich zu diesem Licht *geworden* seid, dann seid ihr bereit für die Offenbarung tieferer Mysterien.

Wollt ihr nun geduldig sein, meine lieben jungen Geschwister, durchhalten und weiterschreiten? Ihr könnt die Himmelspforten nicht erstürmen, ihr müßt euch geduldig bemühen, mit einer möglicherweise sehr eintönigen Aufgabe, und mitunter mag es euch so vorkommen, als könntet ihr die Aufgabe eures Mitbruders viel besser ausführen als er, wäret ihr nur an seiner Stelle. Doch könntet ihr es, dann hätte man euch diese Stelle gegeben.

Wir wissen, wie sich jeder unserer Mitbrüder fühlt, wir wissen, wie ermüdend und schwierig der Weg manchmal zu sein scheint. Ihr glaubt, wenn wir euch etwas Interessantes oder gar Aufregendes präsentieren könnten, oh, wie verlockend wäre dann alles! Doch die Früchte, die ihr begehrt, hätten wenig Aroma. Ein Angehöriger der Bruderschaft muß die klare Unterscheidung zwischen materiellem und geistigem Leben treffen, denn er kann nicht zwei Herren dienen. Er muß sich der Wahrheit stellen. Sehnt ihr euch also mit eurem ganzen Herzen, eurer Seele und eurem Geist danach, der Wahrheit zu folgen, seid ihr bereit – wer immer ihr seid, was immer eure Arbeit sein mag, ob rein spirituell oder zur materiellen Welt gehörig (und ihr vermögt auf dieser Ebene große Dienste zu leisten, erinnert euch) – alles aufzugeben, was euch im letztgenannten Bereich begehrenswert erschien, um dem einen Pfad zu folgen? Ihr seid es? Sehr gut! Dann werdet ihr angenommen, doch wißt ihr, was das bedeutet? Es bedeutet unermüdliche Arbeit. Dafür gibt es jedoch einen Ausgleich, und dieser Ausgleich liegt in der Freude, welche diesem Dienst innewohnt, der unaussprechlichen Freude, die zum Diener Gottes kommt. So spürt er kein Bedauern, Besitztümer bedeuten ihm nichts, wenn er das höchste Gut von allen besitzt, die Freude, Gott und seinen Mitmenschen dienen zu können.

Ihr mögt denken, wir zeichneten ein allzu düsteres Bild. Keineswegs. Betrachtet die Großen aller Zeiten und seht, daß ihr Leben stets ein Leben des Dienens war. Erinnert euch, wie erschöpft Jesus mitunter war, und dennoch baten seine Jünger: »Oh, hier ist ein Mann, der Dich braucht«, oder »Diese Schar ist von weither angereist und möchte Deine Rede hören«, und augenblicklich vergaß Jesus seine Müdigkeit und fuhr in seinem Dienst fort.

Das meinen wir mit unablässigem Dienen. Ihr werdet daraus erkennen, weshalb ihr unbedingt sehr standhaft und stark in Körper und Seele sowie in eurem Charakter sein müßt. Wäret ihr nicht gesund, würdet ihr zusammenbrechen, und genau wenn man euch am dringendsten benötigte, vermöchtet ihr nicht zu helfen.*)

Aufgrund der schweren Prüfungen und der Last, die jenen auferlegt wird, die zum Dienen bereit sind, müssen sie sich strenger Übung und Disziplin unterwerfen.

Die wahren Bruderschaftsmitglieder streben nach gesunder Lebensweise, was Heiligkeit und Reinheit beinhaltet. Sie versuchen, in Liebe und Freude zu leben; sie leben, um das Licht und die Schönheit, die Liebe und die Wahrheit Gottes, der alle Geschöpfe liebt, auszustrahlen. Gott könnte nie wissentlich Schmerz zufügen. Alles Leben ist eins, und alles Leben wird vom göttlichen Gesetz der Liebe gelenkt. Jede Verletzung, jede Grausamkeit, die er dem Leben in irgendeiner Form zufügt, wird der Mensch selbst erleiden müssen, denn er hat sie eigentlich sich selbst zugefügt. Versteht und erkennt einmal, daß ihr alle Teil eines unendlichen, universalen Lebens seid, und

---

*) Wir glauben, daß White Eagle hier von einem Gesundheitsideal spricht, insbesondere von *innerer* Vitalität. Viele Male betonte er, wie jene, die an einer auszehrenden Krankheit litten, tatsächlich große Dienste für ihre Mitmenschen leisteten.

ihr werdet begreifen, daß ihr nichts »Äußerliches« verletzen könnt, denn es ist in euch, und ihr seid in das Ganze eingebunden.

Gegenwärtig mag euer Bewußtsein begrenzt sein, doch im Verlauf vielleicht vieler Inkarnationen wird es sich erweitern. Geistige Entfaltung muß sich notwendigerweise langsam vollziehen, doch der Lohn dieser geistigen Entfaltung und des Dienens liegt jenseits aller Beschreibungen. *Kein Auge hat je gesehen, kein Ohr hat je vernommen, was Gott vorbereitet hat.* Oh, liebe Geschwister, wir sehnen uns danach, euch vorwärts und aufwärts zu helfen, und obwohl der Weg mitunter steinig zu sein scheint und ihr müde werdet, so empfangt ihr die ganze Zeit diese unaussprechliche Wohltat und Glückseligkeit, welche die Erfahrungen eures Lebens mehr als belohnt.

Jede individuelle Seele hat ihre Arbeit zu leisten. Niemand vermag die Arbeit eines anderen zu übernehmen. Jeder muß seine eigene Arbeit tun. Deshalb sagen wir, akzeptiere es, mein Kind. Betet zum großen weißen Geist, daß ihr in der vor euch liegenden Aufgabe nicht scheitern werdet.

Die Bruderschaft verläßt euch nun in ihrer Liebe und ihrem Frieden, sie erinnert euch daran, daß ihr trotz möglicherweise harter Arbeit dennoch fröhlich sein könnt. Versucht zu verstehen, daß das geistige Leben zwar schwierig sein mag, doch himmlischen Segen bringt. Gott bleibt niemandem etwas schuldig, Er bezahlt stets seine Schulden. Der Arbeiter ist seine Heuer wert, sagt man – in der Freimaurersprache heißt es, der Bruder wird zum Tempel gesandt, um seinen gerechten Lohn zu empfangen. Würden wir euch um ein Zeugnis bitten, ob ihr jemals zum Tempel gesandt wurdet und die rechte Entlohnung für eure Arbeit empfangen habt, so würden viele von euch ihre Hand erheben und bezeugen: »Jawohl. Jawohl. Wir empfingen gerechten Lohn.«

»Nun lasset uns unsere Herzen zum unendlichen Geist erheben, zu unserem himmlischen Vater und unserer göttlichen und irdischen Mutter, zu den älteren Geschwistern und den großen Engeln des Lebens. Wir sehen sie im goldenen Licht von Christus, dem Sohn, und wir fühlen, wie diese goldenen Strahlen sich auf uns ergießen und unsere Herzen mit Freude und Dankbarkeit erfüllen…«

Amen.

IX.

UNSER GEISTIGER BRUDER SPRICHT

Toleranz, Sanftmut, Liebe

Geliebte Geschwister, wir bringen einem jeden von euch zärtliche Liebe und ein großes Verständnis für eure Schwierigkeiten entgegen, ebenso für eure Arbeit, eure Ideale und Bestrebungen. Denkt immer daran, daß ihr den Pfad des Erdenlebens nicht allein beschreitet, denn euer geistiger Lehrer, der euch nie im Stich lassen wird, geht an eurer Seite. Betet ihr um Verständnis, so wird es zu euch kommen, doch zunächst wird es im Geist eures Herzens auftauchen, nicht im irdischen Verstand. Deswegen versuchen wir euch die ganze Erkenntnis des Lichtes Gottes zu vermitteln, des Lichtes, das Christus genannt wird und der gesamten Menschheit innewohnt. Das Licht in eurem Herzen formt euch zu Söhnen und Töchtern Gottes und spricht durch eure Liebe zu euren Mitmenschen, durch eure Liebe zum Leben und zu allen Lebensumständen.

Laßt euren Blick über die Welt und eure Gefährten schweifen, ohne Neid, ohne Verurteilung, ohne Kritik – nur mit Liebe; begreift, daß ihr alle auf einem ähnlichen Pfad schreitet und euch alle gegenseitig braucht. Ihr könnt keine andere Seele verurteilen, ganz gleich, wie deutlich ihr deren Fehler oder Schwächen zu sehen glaubt, denn ihr vermögt die Last des Karmas, die jemand trägt, nicht zu erkennen, genausowenig wie den Hintergrund seiner Handlungen. Betrachtet alle Menschen mit Verständnis, wohl wissend, daß sie alle ihren geheimen Kummer im Herzen tragen, daß sie des Körpers müde sind – alle suchen sie unbewußt nach Gold. Auf den niederen Ebenen verkörpert Gold eine Substanz, ein hartes Metall. In höheren Bereichen besteht es aus geistiger Bewußtheit.

Möge Liebe euer Leben zu jeder Gelegenheit inspirieren. Das ist eure freiwillige Entscheidungsmöglichkeit. Doch bedenkt, daß eure Mitbrüder über den gleichen freien Willen verfügen. Zwingt dem Herzen eures Mitmenschen eure Art nicht auf, sondern steht ihm mit Liebe in eurem Herzen bei, so daß er davon nehmen mag, wenn er sie zu empfangen bereit ist.

Die Lektion der Unterscheidungskraft ist wichtig, denn euer Mitmensch hat die Wahl, eure Liebe und die Liebe Gottes zu erwidern, was ihn heilen wird und ihm hilft, Glück zu finden; oder er wendet diesem Licht vielleicht den Rücken zu und geht in die entgegengesetzte Richtung. Hier könnt ihr nicht eingreifen, denn das ist seine Entscheidung. Diese Lektion der Urteilskraft und der freien Entscheidung des Menschen ist sehr subtil, doch ihr müßt sie verstehen, und mit dem Verständnis wird Toleranz, Sanftmut und Liebe einhergehen.

Das Wirkliche und das Unwirkliche

Der Meister möchte, daß ihr in kleinen, unwichtigen Dingen nachgiebig seid. Geht in Kleinigkeiten nachgiebig miteinander um. Beachtet euch selbst nicht. Doch steht ein für das Richtige, wenn es um die Grundsätze des Lebens geht. Stellt auch sicher, daß ihr aus Mücken keine Elefanten macht. Nehmt eine klare und ausgewogene Sichtweise ein, damit ihr alle Dinge richtig seht. Indem ihr dieser Regel folgt, wird euch im täglichen Leben viel Hilfe zuteil, und ihr werdet fähig, anderen mehr Segen zu bringen.

Viele Kleinigkeiten können Verwirrung verursachen, doch solche kleinen Dinge sind meist Banalitäten, die keine Rolle spielen. Lernt, zwischen dem Wirklichen und dem Unwirklichen zu unterscheiden – auf diese Weise werdet ihr ein großes Herz und eine große Seele entfalten. Eine große Seele beherbergt keine Engstirnigkeit oder Kleinlichkeit.

Diese Botschaft ist an alle gerichtet, und sie stammt vom Meister selbst. Sie ist ausgesandt in Liebe und voller Verständnis für eure Gedanken und Empfindungen, weit über euer Verständnis für euch selbst hinausgehend. Er segnet euch und dankt euch, daß ihr seine Hilfe sucht, ihm euer Gesicht zuwendet – allein sein himmlischer Vater weiß, wie dankbar er ist.

Eine Vision taucht auf, ein Bild des knienden Meisters... Er kommt einem jeden, der ihn liebt, ganz nahe. Er wäscht eure Füße ... könnt ihr in eurem Herzen das gleiche füreinander tun? Könnt ihr euch zu Füßen eures Mitbruders knien und ihm solcherart dienen (und sei es nur in Gedanken), bevor ihr nicht einen Geist tiefer und ehrlicher Demut entwickelt habt? Wenn ihr das zu fühlen vermögt und weiterhin füreinander auf solche Weise empfindet, kommt ihr dem Meister sehr nahe ... und er nähert sich euch.

Es ist so einfach, die Handlungen anderer zu beurteilen, doch versucht, euch der Verurteilung fernzuhalten, denn so, wie ihr andere schuldig sprecht, so sprecht ihr auch euch selbst schuldig. Bemüht euch, tolerant zu sein und aus eurem Herzen den sanftmütigen Geist der Meisterseele auszustrahlen. Jesus, der Christus, ist eine Meisterseele, ein vervollkommneter Mensch; und diese höchst entwickelte und vollkommene Seele inkarnierte sich, um dem individuellen Menschen zu offenbaren, was er selbst zu erreichen imstande war, wenn er dem einfachen, sanften Christusweg folgen würde.

Vergebt, meine Kinder, vergebt. Was immer eure Herzen bewegen mag, wie schwierig eure Gefühle für eine Seele auch sein mögen, vielleicht berechtigt nach materiellem Maßstab; betet, um zu vergeben, wie Jesus es in seinem schlichten Gebet lehrte: *Vergib uns unsere Schuld, so wie wir vergeben unseren Schuldigern.* Begreift ihr nicht, daß ihr durch die Vergebung anderer euch selbst befreit? Solange ihr in hartem Urteil über eure Mitmenschen zu Gericht sitzt und euch zu vergeben weigert, zieht ihr das gleiche Urteil auf euch herab, denn das Leben wird vom geistigen Gesetz regiert: so wie ihr gebt, werdet ihr auch empfangen. Doch sobald ihr Vergebung in eurem eigenen Herzen verspürt, befreit ihr euch selbst aus den Fesseln eures Karmas.

Karma wird verwandelt, indem ihr lernt, aus dem Geist heraus voller Liebe zu denken und zu handeln.

Jesus weist den Weg. Er kam, um diese tiefe Wahrheit vorzuleben, denn er war voller Mitgefühl. Er schaute in die Seele seiner Freunde, jener, die sich um ihn scharten; er sah ihr Leid, und über das gegenwärtige Leiden hinaus erblickte er deren ganzes Leben, das Karma des Individuums und die Ursachen seiner Handlungsweisen. So hatte er Mitleid und vergab so vieles. Er zeigte den Weg.

Vergebung ist häufig schwierig, meine Kinder, doch so oft Vergebung in das Herz eindringt, erfolgt eine Befreiung des Geistes. Die Seele, die in Fesseln lag und möglicherweise an das Kreuz des Schmerzes gebunden war, leidet nicht länger.

Lernt, ins Herz zu schauen, zu lieben – und zu vergeben.

Einfachheit

Der Meister achtet bei seinen Schülern auf Demut – er hält Ausschau nach der schlichten Seele, der gläubigen Seele, der liebenden Seele ... und wenn ihr mit diesen Eigenschaften beginnt, werdet ihr das Kostbarste eures Inneren schenken und eurer Fähigkeit entsprechend eingesetzt werden.

Ihr werdet versucht und geprüft werden, doch akzeptiert diese Prüfungen in bescheidener Dankbarkeit. Der niedere Verstand wird euch versuchen, euch herunterziehen, Zweifel und Erschöpfung verursachen. Doch gebt diesen Versuchungen keinen Raum, denn sie entspringen dem niederen Verstand. Der höhere Verstand, durch den wir wirken, wird euch Freude und Gewißheit vermitteln und euer ganzes Wesen vor Glück pulsieren lassen.

Nichts ist so schön, als daß ihr nicht daran glauben

solltet, und wenn euer niederer Verstand und eure sogenannte Vernunft euch versucht, unsere Worte abzulehnen, so erinnert euch, daß dies die Stimme des Versuchers ist, der Dunkelheit. Die zerstörerische Kraft möchte stets zurückhalten, Fortschritt verzögern. Der höhere Verstand, der geistige Verstand, ermutigt euch immer, das Gute, Wahre und Schöne wahrzunehmen. Der niedere Verstand verstärkt eure pessimistische Perspektive, doch existiert zwischen übertriebenem Optimismus und übertriebenem Pessimismus die tragfähige Ebene ausgewogenen Denkens. Euer Symbol, der Stern, soll euch Ausgeglichenheit lehren, Ausgewogenheit zwischen den beiden Mächten, zwischen Himmel und Erde. Haltet stets am positiven Gedanken fest, am guten und göttlichen Gedanken, und seht die Vision des unfehlbaren, offenbarten Licht des Schöpfers vor euch.

Vergeßt nicht, daß wir bei euch sind und mit großer Liebe, mitunter voller Humor, auf euch schauen. Oh ja! Wir verfügen, das solltet ihr wissen, über einen ausgeprägten Sinn für Humor – allerdings ist es freundlicher Humor. Wir empfehlen euch, diesen Sinn für Humor ebenfalls zu pflegen. Laßt eure Augen zwinkern – das wird eine große Hilfe sein.

Schaut niemals zurück! Schaut niemals hinab! Schaut nur nach oben! Blickt aufwärts! Aus dem Stern, der über euch erstrahlt, werdet ihr alles erhalten, was ihr benötigt – geistig, mental, physisch und materiell. Ihr könnt eure Vision gar nicht zu hoch ansetzen.

Es gibt im Verlauf des irdischen Lebens Zeiten, in denen der Körper schwer zu tragen und der Pfad ermüdend ist. Wir würden euch in solchen Zeiten gerne helfen, und das können wir auch, wenn ihr es uns erlaubt. Das bedeutet, daß ihr eure Gedanken von den Fesseln der Erde und des physischen Körpers löst und zu den Höhen emporschaut, zu den Berggipfeln, wo Frieden, Kraft und ewiges Leben herrscht.

Werdet ihr zu dieser höheren Ebene geistiger Verwirklichung erhoben, wie klein erscheinen euch dann eure materiellen Sorgen! Sie kommen euch eigentlich überhaupt nicht mehr real vor, und alle physische Behinderung tritt in den Hintergrund. Könntet ihr euren Kontakt mit der geistigen Ebene fortwährend aufrechterhalten, würdet ihr feststellen, daß euer irdisches Leben gesund, heilig und harmonisch würde. Wir wissen, daß es für uns sehr einfach ist, darüber zu sprechen, doch ihr wißt auch, Geschwister, daß alle Disharmonie und Qual von euch weichen und ihr diesen kurzen Moment lang eine Ekstase geistiger Glückseligkeit erlebt, wenn es euch bei seltenen Gelegenheiten gelingt, diesen echten Kontakt zum Leben des Geistes herzustellen. Vielleicht ist es das, was der Meister Jesus lehren wollte, als er sprach: *»Ich und mein Vater sind eins. Der Vater, der mir innewohnt, vollbringt alle Werke.«* Es liegt keineswegs jenseits der Möglichkeiten irgendeiner Seele, das Reich der Harmonie und Vollkommenheit zu berühren.

Nun, meine Kinder, wenn ihr euch Problemen und Verwirrungen gegenüberseht, so suchet zuerst das Königreich des Himmels, das Königreich Gottes, und strebt täglich nach der Verbindung mit der Quelle eures geistigen und physischen Seins. Nehmt eure Probleme mit in eure eigene, private Kapelle in der geistigen Welt auf der ätherischen Ebene. Erbaut in der Vorstellung eure eigene private Kapelle – die ihr wunderschön gestalten könnt – und kniet in Einfachheit vor dem Altar nieder und bittet, denn euer Vater wird euch hören, und das Licht wird in eure Herzen strahlen; das Licht wird euch die Wahrheit enthüllen und zeigen, was zu tun ist. Folget dem wahren Licht, nicht dem Licht eures eigenen Begehrens. Legt eure Wünsche beiseite und suchet in Einfachheit und in Wahrheit. Das Licht wird euch führen. Seid stark im Licht.

ICH BIN der Weg

Ihr erkennt noch nicht vollständig, wie wichtig die beständige Bemühung um gute Gedanken, um göttliches Denken ist, denn es bildet nicht nur den Tempel, den geistigen Körper – den himmlischen Körper des Individuums, sondern verfeinert auch den physischen Körper. Manche von euch verspüren eine Art Befremdlichkeit bei dem Gedanken, das Leben unterliege dem Gesetz; ihr empfindet, daß ihr gewissermaßen ein Automat seid, diesem Gesetz der Natur ausgeliefert und ohne Möglichkeit, euch zu helfen. Das ist nicht richtig. Jede Person verfügt innerlich über die göttliche Macht; und indem ihr lernt, diese Kraft Gottes in euch anzuwenden, entwerft ihr euer Leben neu und erschafft eine schönere Welt um euch herum.

Denkt ihr an jemanden, dessen Leben von positivem, gutem Denken beherrscht ist, an ein Leben, das vom Herzen aus gelenkt wird, vom Sohn oder Christus-Geist – so wißt ihr, daß solch ein Leben wohlgeordnet, friedvoll, harmonisch und glücklich verläuft. Nichts stört es. Dieses Gesetz und diese Ordnung durchwirken ein solches Leben sanft, wunderschön und harmonisch, alle Dinge werden erneuert, alles wird vervollkommnet. Andererseits ist das Leben unter der Herrschaft negativer oder zerstörerischer Gedanken ziellos, unbeherrscht, unglücklich, disharmonisch und voller Chaos.

Doch wie Jesus am Kreuz sprach: *»Vater, vergib ihnen, denn sie wissen nicht, was sie tun.«* Es ist Unwissenheit, die solches Chaos hervorruft. Unwissenheit selbst besteht aus chaotischer, undisziplinierter Dunkelheit. Strebt die Seele dereinst ernsthaft nach Wissen und Verständnis, so wird sie auf einen Pfad gelenkt, der zum Tempel der Weisheit und Erkenntnis führen wird.

Der Mensch, der dem Pfad des Lichtes folgt, betritt die Fülle des ewigen Lebens, nicht in einem weit entfernten Leben in irgendeiner vagen Zukunft, sondern hier und jetzt. Er erlangt ein tiefes Verständnis der Macht des göttlichen Lebens in seinem Inneren, die seinen Verstand und seine Gefühle zu kontrollieren vermag und die sich selbst versorgen kann, indem sie das ewige Licht Gottes anzieht und es zum Segen und zur Heilung der ganzen Menschheit nutzt. Diese Kraft demonstrierte Jesus in seinem Leben, und darauf bezog er sich mit den Worten: *»ICH BIN der Weg, die Wahrheit und das Leben.«* Christus sprach durch den Mund von Jesus von dem Leben, welches jeder menschlichen Seele innewohnt, von dem Leben, das als geistige Sonne jenseits aller physischen Schöpfung existiert, von jener geistigen Herrlichkeit, die der Mensch in seinem eigenen Wesen zu empfangen vermag und die sein Leben von Dunkelheit in Licht verwandeln kann.

Seid aufrichtig zu euch selbst

Seid euch stets der stillen, reinen und wahren Verbindung im Heiligtum eures eigenen Wesens bewußt. Seid eurem eigenen Selbst, eurem eigenen Geist gegenüber aufrichtig, denn indem ihr aufrichtig zu euch selbst seid, werdet ihr auch aufrichtig zu Gott und zur universalen Bruderschaft sein.

Viele Menschen auf Erden und viele Wesen der ätherischen Ebene finden Gefallen daran, euch von diesem stillen Zentrum der Wahrheit abzulenken. Laßt euch nicht davon abbringen, sondern haltet an eurer reinen Vision der Güte, Wahrheit und Liebe fest. Seid aufmerksam und wach, laßt euch nicht von falschen Worten verführen. Es ist leicht, vom geraden Weg abzurutschen.

Habt ihr euch ehrlich und vertrauensvoll für die Arbeit Gottes und der Bruderschaft entschieden, so erinnert euch, daß der *Ausgangspunkt in euch selbst liegt.* Wir können euch nur Prinzipien oder Wegweiser übermitteln, ihr müßt dann auf einfachste Weise an jedem Problem arbeiten, so, wie es sich euch im Alltagsleben darbietet – gemäß der euch mitgeteilten Lehren. Wir kommen nicht, um euch eurer Gelegenheiten zu berauben, sondern um euch Kraft, Weisheit und Liebe zu bringen. Wir von der Bruderschaft erwarten nicht mehr, als ihr auf eurer gegenwärtigen

Stufe auf dem Pfad zu geben vermögt, doch jeder von euch kann zu passenden Zeiten die Einstimmung auf das ewige Licht suchen, sich auf Gott einstimmen und Gott verehren. Tut dies in der Form, die mit euch persönlich am besten harmoniert. Es gibt viele Strahlen, die von der Peripherie zur Mitte führen, doch auf welchem Strahl eure Seele auch sein mag, strebt vorwärts zu Gott, zum Herzen, aus dem das Lebensblut fließt. Die Geschwister im Tempel sitzen in einem Kreis, Hand in Hand, und ihre Herzen dehnen sich aus, bis sie das Herz im Zentrum berühren. Dies ist wahrhaftig die runde Tafel der Tempelritter. Ihr alle habt das Bestreben, wahre Ritter zu werden.

Euer Meister lehrt euch auf sehr einfache Weise die Regeln der Bruderschaft, und ihr müßt euch bemühen, diese Regeln zu verstehen und in eurem Leben anzuwenden.

Versucht, zwischen den Begrenzungen der Persönlichkeit und der Grenzenlosigkeit des göttlichen Lebens zu unterscheiden. Lebt, um Licht auszustrahlen – und das beinhaltet, in allem das Gute zu sehen. Wenn es nicht gut zu sein scheint, dann *macht es gut*. Es wird gut werden, weil alle Dinge für das Gute zusammenwirken. Alles wird gut werden und richtig verlaufen, wenn ihr euren Blick auf Gott ausrichtet, denn Gott ist ewiges Entstehen und Werden, Gott bringt das Gute aus dem Übel hervor, die Ordnung aus dem Chaos, das Licht aus der Dunkelheit.

Laßt uns meditieren und uns des Christuslichtes bewußt sein, das von unserem Herzen ausstrahlt und uns umhüllt. Wir fühlen eine vollständige Entspannung, während wir im Christuslicht gebadet werden ... Wir sind nichts – und doch *wissen wir, daß wir eine Flamme des ewigen Feuers sind.*

Was sollten wir uns in der himmlischen Welt besonders bewußt machen? Licht – die Sonne. Selbst in der himmlischen Welt gibt es Licht, das weniger hell erstrahlt – wie das der Engel um den Thron, von denen ein jeder zahllose Heerscharen von Wesen repräsentiert, die alle auf ihrem besonderen Lebensstrahl schwingen. Jeder Lebensstrom ist in den himmlischen Ebenen mit anderen Welten verbunden, und wir als Menschen empfangen Macht und Einfluß direkt von einem bestimmten Engel und außerdem ganz allgemein von all diesen unermeßlichen Heerscharen. Innerhalb dieses Lebens existieren wir und haben unser Sein; dies ist die Macht, die Weisheit und die Liebe, von der wir umgeben sind. Dennoch bleiben wir körperlich im Schatten, denn wir sind in die Dunkelheit der Erde gekleidet. Kein Mensch muß jedoch für immer ein Gefangener bleiben, es erfordert nur den Willen, emporzustreben und dadurch die Weisheit des Göttlichen zu erfahren – und der Gefangene ist frei!

So steigen wir im Geiste empor, als würden wir auf einen Berghang erhoben. Danach schreiten wir weiter auf ein himmlisches Leben in all seiner Schönheit zu und sind umringt von einer himmlischen Schar. Wir sind uns der vollkommenen Form und Ordnung des

Lebens bewußt, wir nehmen die Farben wahr – Schattierungen, Dunst, Wolken und Ausdehnungen außergewöhnlicher Farbigkeit, die perfekt gemischt sind, einander durchdringen und Gestalt annehmen. Alle Himmel sind von Farben und Licht erfüllt, denn Farbe und Licht bilden die Substanz, welche dem Aufbau oder der Schöpfung unterschiedlicher Lebensformen dient. Musik mag uns bewußt werden – feine, sanfte, süße Musik jenseits aller Beschreibung – die zu einem Crescendo anzuschwellen vermag und so die wunderbare, universale Musik aller Schöpfung umfaßt. Und wir wissen, daß wir ein Teil dieses gewaltigen Orchesters sind.

Glaube

Mitten in diesem offensichtlichen Chaos menschlicher Irrtümer dürft ihr niemals euren Glauben an die Liebe und Weisheit des großen Architekten des Universums verlieren. Wir haben euch bereits ausdrücklich auf die Macht des Glaubens hingewiesen – hättet ihr Glauben, so groß wie ein Senfkorn, sprach Jesus, so könntet ihr Berge versetzen. Hinter allen verborgenen Gesetzmäßigkeiten liegt die Kraft des Glaubens.

Dabei solltet ihr auch bedenken, daß es für euer menschliches Leben erstrebenswert ist, eine offene Geisteshaltung zu besitzen. Wir meinen damit, daß es unmöglich ist, die Wahrheit festzulegen oder zu begrenzen. Es ist unklug, zu sagen, »siehe, hier ist Wahrheit; siehe, dort ist Wahrheit«, besser empfindet man, daß in allem Wahrheit liegt. Wenn das menschliche Leben oder mitmenschliche Beziehungen euer aufgestelltes Ideal nicht zu erfüllen vermögen, so macht euch bewußt, daß euer Ideal ein falsches oder unvollständiges Ideal sein könnte. Seid bereit, euch davon zu lösen, und seht die Wahrheit durch alle Lebenserfahrungen wirken. Ihr solltet außerdem niemals zu streng sein; erinnert euch daran, niemanden zu verurteilen. *Hat kein Mensch dich verurteilt? So werde auch ich dich nicht verurteilen.* Wir haben den Seinszustand erreicht, in dem wir nur Liebe und Sanftmut dem Leben gegenüber verspüren und beginnen, den Sinn für Trennung zu verlieren – denn in der Liebe gibt es keine Trennung.

Dann gelangt die Seele zu dieser wundervollen Verschmelzung, zur Einswerdung aller farbigen Strahlen, bei der sich die Lichtstrahlen des Regenbogens zu einem Strahl reinen, weißen Lichtes vereinigen. Wir beten, daß ihr bei eurer Gruppenarbeit, eurer Arbeit in der Bruderschaft, die Schönheit der Vereinigung eurer Seelen erleben möget, und sei es nur vorübergehend. In der Liebe existiert keine Trennung, keine Verurteilung oder Verwirrung, sondern nur Kraft, Freude, sogar Ekstase, und ihr erkennt, daß Gott *Alles* ist. Ihr begreift, daß Gott in euch ist, und ihr in Gott seid. Auch wißt ihr, daß es in Gott keine Irrtümer gibt, und alle eure Probleme sich lösen werden, wenn ihr Geduld, Glauben und Vertrauen aufbringt. Ihr wißt, daß Gott Liebe ist.

White Eagle

Wunder des Lichts

Auf schlichte Weise belehrt uns White Eagle über den Sinn und Zweck des Lebens auf Erden. Er schildert, wie der Mensch von den höchsten Sphären des Lebens in die Beschränkung der Inkarnation auf die Erde absteigt um Erfahrungen zu sammeln und, durch diese Erfahrungen bereichert, zuguterletzt ein leuchtendes Wesen zu werden. Das Streben nach Licht, die Wunder, welche die großen Eingeweihten vollbringen können, das Geheimnis von Gesundheit und strahlender Kraft, der Pfad des Dienens und der Bruderschaft, die Kontinuität des Lebens im Jenseits sind Themen dieses Büchleins.

Hinter allem Geschehen auf Erden, im Leben der Nationen und des Einzelnen, steht ein großer, göttlicher Plan, der den Menschen auf seinem Entwicklungspfad zur Vollkommenheit führt.

ISBN 3-922936-13-X

White Eagle

Goldene Ernte der Liebe

Auf dem geistigen Pfad warten immer wieder Prüfungen, die dem Suchenden alles abverlangen. Manchmal scheint er völlig allein zu stehen, in der „Nacht der Seele“. In dieser Zeit der Erprobung gilt es standhaft zu bleiben, bis die Sonne eines neuen Morgens aufleuchtet und eine „goldene Ernte“ wartet.

White Eagle beschreibt in diesem Buch die einzelnen Stationen, die den Tagen der Ernte vorausgehen. Er führt seine Schüler auf dem „Pfad des Lichtes“, wo die Brüder und Schwestern aus lichten Welten mit ihrer inspirierenden Kraft schon auf die Rückkehr ihrer Geschwister warten. Der Leser lernt, in die innere Stille einzutreten und die geistige Führung im Herzen wahrzunehmen. Jene Stille, in der die göttliche Liebe auf dem Altar der Seele geboren wird.

Mit dem Moment dieser Neugeburt erwirbt der Jünger göttliche Gaben, um sich und andere zu verwandeln, bis am Ende der große Triumph der Liebe steht und die Rose auf dem Kreuz erblüht.

ISBN 3-922936-38-5

White Eagle

Vom Leben jenseits der Todespforte

In diesem Büchlein schildert White Eagle, was den Menschen, wenn er seine physische Hülle abgestreift hat, in der jenseitigen Welt des Lichts erwartet. Für die Trauernden und all jene, die den Tod und die Trennung fürchten, bringt der Autor Trost und die Gewißheit, daß das Leben weitergeht.

Dem Leser wird ferner gezeigt, wie er mit jenen, die hinüber gegangen sind, eine seelische Verbindung herstellen kann. Durch seine richtige Einstellung zum Tod – dem Leben nach dem Leben, baut sich der Zurückgebliebene eine unsichtbare Brücke, welche die irdische Welt mit der himmlischen verbindet.

ISBN 3-922936-27-X

White Eagle

Die vier großen Einweihungen

Der Pfad des Menschen, wenn er sich auf der „Suche nach Wahrheit“ befindet, führt durch bestimmte Prüfungen und innere Erfahrungen – die sogenannten Einweihungen.

Diese können große, dramatische Veränderungen bewirken, sie können aber auch mittels kleiner und kaum merklicher Schritte vonstatten gehen.

White Eagle beschreibt in diesem neuen Juwel aus der Schatzkammer der White Eagle-Gemeinschaft die großen und kleinen Lebensprüfungen aus der Sicht einer Meisterseele. Mit seiner unnachahmlichen Güte und Weisheit erklärt er die verborgenen Zusammenhänge des Daseins und weist Wege zu einer inneren Wirklichkeit.

ISBN 3-922936-56-3